语文老师陪你读《史记》

| 人 手 一 本 经 典 读 本 |

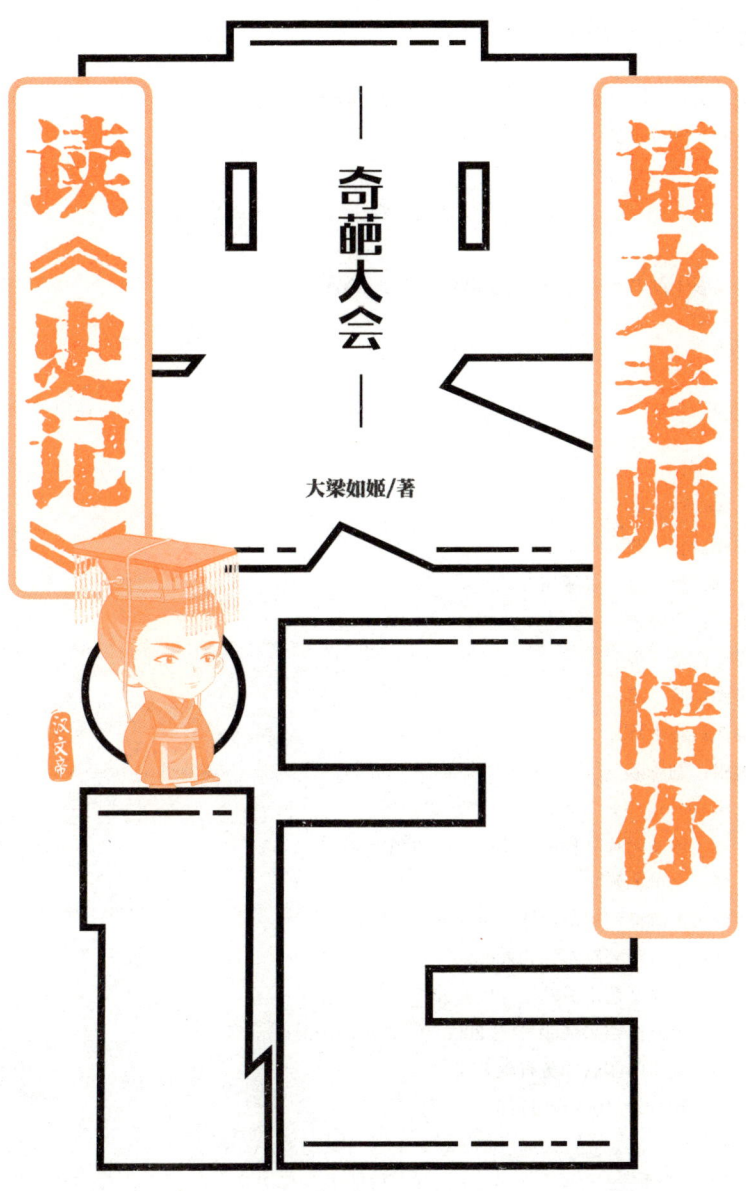

读《史记》

语文老师 陪你

奇葩大会

大梁如姬/著

上海文艺出版社
Shanghai Literature & Art Publishing House

《语文老师陪你读〈史记〉》书系

图书在版编目（CIP）数据

语文老师陪你读史记. 奇葩大会 / 大梁如姬著. --上海：上海文艺出版社，2021.8
ISBN 978-7-5321-8013-4

Ⅰ. ①语… Ⅱ. ①大… Ⅲ. ①历史人物－列传－中国 Ⅳ. ①K82

中国版本图书馆CIP数据核字(2021)第129656号

发 行 人：毕　胜
责任编辑：崔　莉
丛书策划：徐　晶　吴珊珊
执行编辑：吴珊珊
封面设计：资　源
封面供图：晴　零
内文插图：孙小片
美术编辑：刘海燕

书　　名：语文老师陪你读《史记》：奇葩大会
著　　者：大梁如姬
出　　版：上海世纪出版集团　上海文艺出版社
地　　址：上海绍兴路7号　200020
发　　行：上海文艺出版社发行中心发行
　　　　　上海市绍兴路50号　200020　www.ewen.co
印　　刷：天津中印联印务有限公司
开　　本：700mm×1000mm 1/16
印　　张：15
字　　数：200千字
印　　次：2021年8月第1版　2021年8月第1次印刷
Ｉ Ｓ Ｂ Ｎ：978-7-5321-8013-4/K.432
定　　价：39.00元
告 读 者：如发现本书有质量问题请与印刷厂质量科联系

序 言

作为有着五千年文明历史的国家，中华史籍浩如烟海，博大精深。在我国的史籍中，"二十四史"被誉为"正史"，我们这套书，就带大家一起读一读"二十四史"之首《史记》。《史记》从传说中的黄帝记起，一直写到汉武帝元狩元年（前122年），叙述了三千多年的历史。全书分为本纪十二篇、表十篇、书八篇、世家三十篇、列传七十篇，共一百三十篇。

说了这么多，相信不了解《史记》的读者会觉得有些混乱，毕竟"历史"离我们生活的年代太久远，再加上原版的史籍都是用文言文书写，难记难理解，总让人有些抵触心理。"语文老师陪你读《史记》"系列丛书，就能帮你解决这些问题。俗话说"文史不分家"，语文知识点和好玩有趣的历史故事，完全可以融合在一起。我们以"史家之绝唱，无韵之离骚"的《史记》为主体，将这套书分为五个主题呈现给读者：

卷一讲的是历史上那些璀璨夺目的"明星"，他们光芒万丈，以自身之力，或开疆拓土，或改变历史轨迹，为中国历史增添了浓墨重彩的一笔。从这些耀眼的名人身上，我们能感受到中华文化的发展与魅力。

卷二回望那些曾经"睁开眼"带我们看世界的人，他们是智慧先驱，是精神领袖，也是乱世的医生。老子、孔子、墨子、庄子、韩非子……他们身处乱世，用思想智慧给世道开良方，几千年来，他们的名言、故事流传不朽，他们的思想更是影响了整个中国史。

卷三的前半段，我们先看看"赢在起跑线上"的那些人，他们开局形势一片大好，却因为种种失误，一步错，步步错，成了历史的反面教材；后半段，来看看那些貌似平平无奇，却脚踏实地干出事业的人。历史也有"AB 面"，吸取经验是我们读史的目的之一。

卷四让我们来围观一下那些不按套路出牌的人。他们经常搞出一些惊诧众人的神操作，让人看了禁不住直呼"奇葩"，真正把生活活成段子。原来，历史人物也不全是庄严肃穆，嬉笑中也有真历史，这才是生活原始的模样。

最后，再来说说历史上的"我们"，那些普通的甲乙丙丁，或者说历史"明星"身边的配角。这些人的存在感很低，却在历史进程中贡献了自己的一点微光，有幸跻身《史记》，名垂竹帛。卷五讲的就是他们的故事。

本丛书采用故事与解读相结合的模式，每篇历史故事的前后，伴有语文名师的讲解，从古文经典中，品百态人生。另外附有二十张鲜活生动的原创插图，帮助读者更好地理解《史记》中的人和事。

可能你会问，读历史有什么好处呢？不是有一句话吗——"你能看到多远的过去，就能看到多远的未来"。我们由衷地希望，每位读者都能在阅读这套书后，发现历史的魅力，感受我们祖先所创造出的古代文化的辉煌，学习先人的智慧，为自己所用。想必，这也是两千多年前，司马迁撰写《史记》的初衷，同时也是我们编写这套书的目的。

来，历史给你上一课

最痴情的"铲屎官" / 001

到底哪里人最傻？先秦诸侯鄙视链 / 011

老爸，老爸，我们去哪里呀 / 021

写历史的，你给我出来！ / 031

楚国：专治各种不服 / 041

玩秦国人，我们是专业的 / 051

最没存在感的一次"战败" / 061

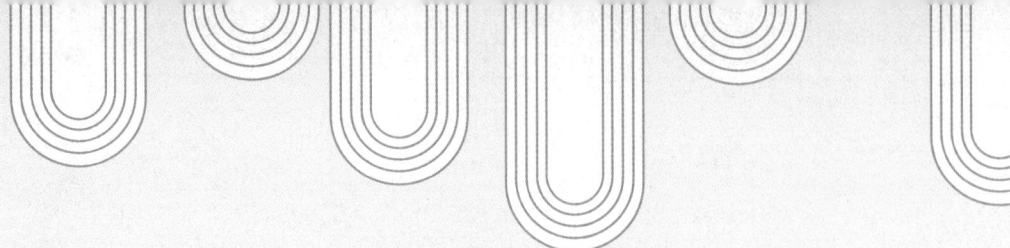

小事件大历史

周王朝的"内奸" / 067

打仗还是打游戏(上) / 077

打仗还是打游戏(中) / 085

打仗还是打游戏(下) / 093

宁可得罪领导,也别得罪司机 / 099

一只"王八"引起的血案 / 109

一棵桑树引发的战争 / 119

令人大跌眼镜的奇葩人设

《史记》中的神预言 / 127

做人嘛，最重要的是有自信 / 135

"士可杀不可辱"原来是真的 / 147

我有个大胆的想法 / 155

汉文帝：对自己抠门，对别人大方，是一种什么样的心理 / 167

你不在人间造反，也是想在地下造反 / 177

这个世界好危险

杞人为什么忧天?因为他们当年真的看过"天塌了" / 187

老公和老爹掉下"水",救谁 / 195

尽管对我如初恋,我要杀你千百遍 / 207

谁是大忽悠 / 217

男孩子出门在外,一定要保护好自己 / 225

最痴情的"铲屎官"

课前读史三分钟

春秋时期，卫国有个奇葩规矩，打"鹤"也要看主人！这个主人就是卫懿公。在他眼里，鹤排第一位，江山美人靠边站。历史上就这么一个"奇葩"吗？当然不是，古代君王嗜好宠物，玩物丧志的例子不在少数。比如晋灵公喜欢养狗，他不问政事，致使朝纲混乱，百姓遭殃，奸佞当权陷害忠良，他在皇宫建造狗圈，给狗穿锦绣狗衣，甚至通令全国说："谁胆敢伤害我的狗，我就砍掉他的脚……"

其实，"好鹤""好狗"如果只是作为个人喜好，并非过错。但是，"君人者不以欲妨民"，作为君王，个人爱好如果过了头，甚至影响到了国事，就可能祸害国家百姓乃至自身性命。

爱江山更爱仙鹤

铲屎官，古已有之，而纵观上下几千年，最痴情的莫过于春秋时期卫国的卫懿公。

有人不服气了，谁对宠物不是宛如亲生，凭什么他就能夺冠？别着急，这个排名，是经过上千年检验的。

有人问了，卫懿公养的是啥？仙鹤。

雪白的羽毛、纤长的脖子和腿、轻盈的体态、叫声高亢嘹亮，轻拍羽翼就能一飞冲天，优雅而高贵，仿佛天外来物，仙气飘飘。仙鹤吸引了古往今来一大批粉丝，粉丝则在应援时给予了它们各种好评，卫懿公对它们更是疼到骨子里。

卫懿公是卫惠公的儿子，他即位时，春秋历史刚刚步入中期，天下格局初定，卫国已经沦为二三流国家，"我不想努力了"，这么想着，于是卫懿公决定当起挂机玩家。国君，身为一个国家最有权任性的人，如果不想好好上班，他们的表现手法各有不同，有人沉迷酒色，天天和美女泡在一起；有人爱好游猎，信念是"只要玩得够嗨，悲伤就跟不上我"；有人喜欢土木工程，大搞建筑，扩大自己的"容身之所"。卫懿公则是一枝独秀，作为一个品位高洁、脱离了低级趣味的人，他选择了往后余生与鹤为伍。

卫懿公广揽仙鹤，给它们一个个编号取名，又特地成立了"鹤管局"，专门伺候仙鹤的"衣食住行"。鹤有造型设计师，有伺候洗澡的，有服侍吃喝拉撒睡的，有时候，为了表达亲近，铲屎的工作他还亲自操持。鹤们

知识加油站

春秋时期，卫懿公终日只知奢侈淫逸，喜好养鹤，竟赐给鹤官位和俸禄，因此招致臣民怨恨。邻国的狄人出兵侵犯卫国，卫懿公命令国内的男人必须上前线应敌。但这时人们都在抱怨说："鹤不是将军吗？那么让鹤去前线把狄人击退好了，我们饭都没吃饱可没力气打仗。"卫懿公带着部队迎敌，但将士们都无心打仗，卫懿公也被敌人杀死了。成语"爱鹤失众"比喻因小失大。

与卫懿公相关的成语有：玩物丧志等。

享受着国家公卿的待遇，好看的封夫人，雄壮的封将军，小的封太子，老的喊爹妈，卫懿公几乎快把自己融入鹤群了。望着仙鹤亲人们，卫懿公经常满足而愉悦地轻哼深情小调："往后余生，风雪是你，平淡是你，清贫也是你；荣华是你，心底温柔是你，目光所至也是你……"有时候，他觉得鹤们是能听懂自己款款情意的。

为了保护仙鹤的纤纤玉足，卫懿公还给它们设计了尊贵的豪华轿车，出门就是宝马香车，一举改变了仙鹤的出行方式。"驾鹤西游"，原来是马驾着鹤。为此，马表示很委屈，都是脊椎动物，凭什么马就是被人骑，还要拉着鹤跑呢？"下辈子投胎一定要当仙鹤"，马许下了美好的愿望。

有人因为把鹤伺候得好而升官，大家见面就说，"祝鹤祝鹤啊"，回答的人则客气地说"同鹤同鹤啊"，一片"可喜可鹤"的场景。

一开始，卫国人民以为卫懿公不过一时兴起，也就随便他折腾了，可是时间一晃过去了好几年，卫懿公对鹤的喜爱一点都没有减少，反而随着岁月的累积越来越深厚。"情圣啊"，卫国人民背后都这样嘲笑卫懿公。久而久之，卫懿公渐渐有了很多外号，"鹤粉""鹤奴""仙鹤狂魔"等不绝于耳。

从即位开始，卫懿公每天的日常生活就是"遛鹤"，所谓遛，就是一堆士人驾车陪着鹤轧马路，有时候卫懿公还给鹤来个大阅兵，一排排仙鹤站在广场上，拉了一地的鹤屎，卫懿公把这个戏称为"黄金"。晚上，后宫的妃子们也不用去侍寝了，因为有鹤夫人陪在卫懿公身边。

卫国的"肉食者"都在那儿尸位素餐，老百姓干脆闭着眼睛过自己的日子，担心老卫家的天下，那不是把别人的棺材抬到自家哭吗？谁也没那个闲心。于是，一转眼卫懿公登基九周年了。

由于仙鹤长寿，正常的都能活到五六十，春秋那会儿人的平均寿命还不到这个数，所以，除了饲养不周导致的早死，基本上现在陪着卫懿公的仙鹤们，还是一开始的那一群。铲屎官们最喜欢说的"你陪我一生，我陪你一程"，在卫懿公这儿，他们陪伴的都是彼此的一生。

像我这样优秀的人，本该快乐过一生

正当卫懿公对铲屎工作一往情深之际，一个危机悄然而至。

当初，周朝分封诸侯是经过深思熟虑的，"封建亲戚，以藩屏周"，简单地说，就是把兄弟亲戚们分到一块地盘，大家紧密团结在以周天子为核心的环境中，保护周王朝，抵御外面的侵略者。卫国的始封祖先是周武王的弟弟康叔，这块地方既是殷商的革命根据地之一，同时与外围的北狄接壤，所以，卫国其实承担着很重要的攘外安内任务。经过几百年的潜移默化，殷商的"前朝余孽"基本已经心如止水了，但北狄这个缺乏物资的少数民族可从来没有消停过。

北狄其实是北边很大一片范围人的统称，他们没什么文化，生活方式落后，气候和季节好的时候靠养牛羊吃，一旦进入冬天，条件恶劣，他们就得靠抢劫的模式养活自己。传世史书上第一次出现北狄抢夺中原国家，那是在《左传·庄公三十二年》中："冬，狄伐邢。"由此可以印证狄人基本是冬天才出来干这种勾当。对北狄人来说，你失去的不过是一些粮食和物资，如果不抢，我们失去的可是活命的机会啊！

邢国在卫国北面一点，所以，首先受到骚扰的国家是邢国。如果是警惕性很高的国君，早在邢国遭受攻击的时候，卫国就应该增强戒备，可卫懿公的全部心思都在自己的宝贝仙鹤身上，士大夫们也不用上朝商讨国事，所以，卫国人就像设置了一道屏障，主动隔绝了外部的消息。两年后，又是一个凛冽的冬天，狄人的牛羊冻死无数，野生动植物也都冻死了一大片，基本上连树皮都没得啃，民众又一次挣扎在死亡线上。于是，狄国首领决定再一次去中原富庶的地方走走。听说卫国的领导特别仁义，提前为大家准备了鲜美的鹤肉，那么，咱们去卫国挑鹤去。

从北狄到卫国，要经过邢国，邢国此时早已沦为不入流的小国，还没从上一次狄人的烧杀抢掠中缓过劲呢，这会儿又来了，他们只能对外宣布邢国公司破产。于是，狄人一路哼着轻快的小调往卫国赶。因为卫国最高领袖还沉迷在和仙鹤的旷世奇恋中，狄人如入无人之境，来到了卫国的首都楚丘（今河南滑县）。

后知后觉的卫国人这才知道敌人已经进村了，卫懿公终于勉强上朝，紧急召开全国公卿会议，主题是商讨怎么对付北狄的入侵。卫懿公表示，狄人杀伤力颇大，并不是一城一池的事，而是事关老百姓生活物资的严重问题，所以，商量的结果是，发动老百姓一起抗击，由国家发放皮甲和武器。"亲人们，我们是相亲相爱的一家人，是时候展现大家的爱国热情，把侵略者赶出去了。"

收到甲胄的人并没有受到爱国思想的召唤，纷纷轻蔑地冷哼："哼，让仙鹤去打仗啊，鹤有爵位有工资，生活得比我们幸福，不是还有鹤将军吗？我们哪会打仗呢！"

还有幸灾乐祸的人纷纷在心里打弹幕："楚丘人民发来鹤电""朝歌

人民发来鹤电""城濮人民发来鹤电"。

卫懿公都快哭了，老百姓咋不爱我呢？就算不爱我，也不能不爱国家呀，于是，卫懿公重申了事态的严重性，呼吁大家，卫国已经到了生死存亡之际啦！不过，这年头，民众也没那么好忽悠，大家喊声一片，都不太想搭理这个"没事鹤将军，有事亲人们"的国君。没办法，卫懿公只能以身作则，慷慨解开衣囊，把玉佩送给了石祁子，把箭交给了宁庄子，要求他们拼死守城。为了表达对他们的足够信任，卫懿公说："此次作战全由二位将军指挥，我们全听你们的！"

回到后宫，卫懿公又讨好了一把日常受冷落的老婆们，发放漂亮衣服，要她们都听两位大夫的。分派完这些，就算是为了仙鹤，卫懿公都决定要御驾亲征。卫国和狄国的部队在一个叫荧泽的地方碰上。尽管石、宁两位用成功学洗脑，已经提高了部分士兵的作战热情，但卫国人毕竟九年没阅兵没打仗，士兵们连兵器都认不全，更别说战斗了。而狄人还是那句话，"我们不抢，失去的可是生命"。所以，他们有更迫切的需求。双方一交战，卫国人节节败退，根本不是对手。

关键时刻，卫懿公大丈夫了一把，尽管一路被追击，却始终不肯把自己车驾上的指挥大旗放下。狄人一看，那么大的旗肯定是卫侯，于是盯紧目标紧追不放，最终，卫懿公喜提自己种下的恶果，死在战场。可惜，卫懿公终究没能和仙鹤相伴完整的一生。

谁来保卫祖国？

卫国乱了，狄人可没受过"礼不发丧"的正统教育，进一步围攻首都。

刚进城，正好遇到了拼命往外逃的两个史官，华龙滑和礼孔。两人心惊胆战，只好忽悠狄人："我俩是写历史的，也掌管国家的祭祀，不让我们先进国都把国之重器清点好，你们是得不到的。"有道理，狄人首领点了点头，放过了二人。两人一路狼奔豕突，终于跑出了敌人视线，到了国都后，两人就进行了手部运动——打退堂鼓，让守将赶紧走，国家保不住了。守将一听，撒开腿就往家里跑，当天夜里就带上老婆孩子和物资开始逃亡。群众看见城都没人守了，也回家收拾了一番，结伴迁徙。

这下，卫国真成空城了，和邢国一样，破产灭国。狄人一边进入首都烧杀抢掠，一边继续追击逃跑的卫国人，追上后又是一通烧杀抢夺。

正所谓一方有难，八方支援，尽管中原诸侯们在一起经常磕磕碰碰，可那是内部互撕，决不允许外人来欺负，所以，在听到北狄侵卫的消息后，中原霸主齐桓公连忙自费出人出力赶去扶卫国一把。那边，宋国听说卫国人正在渡河逃跑，也忙赶来接应。齐桓公是因为"尊王攘夷"的口号和身份地位摆在那儿，必须支援友军，宋桓公呢？宋桓公是因为怕老婆。

原来，宋桓夫人就是当初被齐襄公以妹妹宣姜的幸福生活为由，而强行拉郎配的后代——公子顽的女儿。听说祖国人民有难，宋桓夫人忙让老公连夜打着灯笼去迎接，一共接到了卫国首都剩下的男女730人，另外还有共地和滕地的5000老百姓。而且，宣姜和公子顽这对强扭的瓜还挺甜，除了宋桓夫人，他们还生了三个儿子一个闺女，另一个女儿嫁给了许国的许穆公，听到祖国的灭顶之灾，许穆夫人也坐上马车，一边写诗写信求救于齐桓公，一边赶来维持国内稳定。本来，当初许穆夫人是要嫁给齐桓公的，可惜后来事与愿违。如果成了好事，眼前这一幕，就是两个女婿对丈母娘家的应援,多感人啊!

在齐桓公的组织下,卫国复国,拥立了公子顽和宣姜的其中一个儿子,就是后来的卫戴公。戴公之后,卫国接班的也是两人的儿子,卫文公。这么看来,齐襄公的一次不讲道理,无意间给卫国延续了嫡传火种。

历史面对面

三十一年，惠公卒，子懿公赤立。

懿公即位，好①鹤，淫乐奢侈。九年，翟伐卫，卫懿公欲发兵，兵或畔②。大臣言曰："君好鹤，鹤可令击翟。"翟于是遂入，杀懿公。

——《史记·卫康叔世家第七》

注释
①好：爱好，喜好。
②畔：通"叛"，背叛。

原文品读

三十一年（前669年），卫惠公去世，其子懿公赤上位。

懿公即位后，爱好养鹤，奢侈荒淫无度。九年（前660年），翟国攻打卫国，卫懿公想派兵抵抗，可是有士兵背叛了他。大臣说："国君喜欢养鹤，鹤能够听您的命令去抗击翟人吧。"于是翟人攻入卫国国都，杀了懿公。

到底哪里人最傻？
先秦诸侯鄙视链

课前读史三分钟

西周的姬姓诸侯大多被分封在王畿周围，中原地区数量最多，这些国家的特点是爵位高、地盘小，受地理上的限制，没有大举扩张土地的机会。异姓诸侯大多分封在边缘地区，以征服蛮夷方式，扩大领土来供养更多军队。因而，异姓诸侯得到了发展的机会。久而久之，齐国、秦国、晋国、楚国等国家虽地处偏远，却发展成了大国，并且都成为过霸主，凌驾于周天子之上。不过，表面看先秦时期是谁拳头硬，谁更有话语权，但实际上，大家心里都有一个小"账本"，记录着先秦诸侯间的鄙视链。

你们都是乡下人

在春秋时期，中原各国就开始找组织抱团，各种排外了。有了排外情绪，诸侯之间的歧视也就随之而来了。

春秋时期的鄙视链是这样的：

由于当时名义上还尊周王室为天子，跟周王室亲缘关系越近的诸侯国，就越居于鄙视链的上端，以"正统"自居。这些国家首先以姓分群，也就是说，姬姓国家为一个群体。比如鲁、郑、卫、蔡等国都是周天子的直系亲属，他们代表的就是高大上的城里人，有文化。

但是，周天子在分封诸侯的时候，考虑到天下的地理局势，总要把一些有能力的弟弟或臣子分封到偏远一点的地区去镇守，比如，有能力的姜太公封在齐国，拦住东夷，同样牛的周公旦封在鲁国，一是防东夷，二是制衡齐国。贤能不亚于姜太公和周公的召公奭封在燕国，和封在卫国的卫康叔一起防御北狄，唐叔虞封在山西（唐／晋），同样防御戎狄。地图的南边，有很大一块空地都丢给了楚国，同时，为了防止楚国做大，周朝又在淮河流域封了一帮如随国、郧国之类的"汉阳诸姬"，让他们折腾吧！西戎呢？谁去防？当初分封诸侯的时候，周王室还在镐京，也就是他们自己联合虢国、晋国一起防御。这样，等于大家在四面八方一起保卫祖国。

中原鄙视边陲

这样一来，就有了地域上的分法，无所谓是不是姬家人了。

比如，燕国虽然是正宗周王室姬姓封国，但在整个西周到春秋时期基本都游离在主流社会之外，闷头在跟北狄做斗争。齐桓公作为外姓诸侯，反而带头"尊王攘夷"，成了中原诸侯都认可的带头大哥。等西周退下历史舞台后，周天子迁都洛阳，基本已经准备放弃西边了，于是将陕西那块地丢给了老实人秦国，秦国自此在那边耕耘，长期跟西戎玩，也就变成了大家口中的"西戎"。

本来是以姓分群，现在更大程度变成了以地域分群。于是，真正地处河洛一带，长期团结在周王室周围的诸侯国，就叫中原诸侯国。

这些国家因为地处中原，又长期抱团，便各种看不起周边的那些跟蛮夷杂居的人，在中原诸侯心里，他们都是地道的乡下人。秦国在他们眼里是西戎，楚国在他们口中是南蛮，莒、郯等国就是东夷，至于北狄，虽然大家不好意思把晋国叫北狄，但早期的晋国在他们眼里和戎狄差不多，小宗并大宗这种违反周礼，颠倒政局的事，就发生在晋国呢。

对，当初地域歧视的口号，就是把别人喊东夷西戎南蛮北狄，而搞这些地域歧视的，就是中原一带的诸侯。

随着时间的发展，东夷基本已被齐鲁收服，后来晋国也加入了中原大家庭，甚至一跃成为中原诸侯的代表，大家喜欢集体来怼的，就剩下野心勃勃的楚国了。

楚国人很郁闷，觉得自己经过长期努力混得挺不错了，已经很努力地想融入主流社会了，但大家总说他土，楚蛮子楚蛮子地叫，搞得楚国一点集体荣誉感都没了，于是干脆以"蛮夷"自居。你不是说我是蛮夷说我没素质吗？那我就没素质给你们瞧瞧，于是经常狠揍周边的小国。

所以说，风水轮流转，鄙视链的方向，也是随着实力消长随时变化的。

很快，到了春秋中期，"蛮夷们"实力大增，翻身做主，这就轮到中原人民滑落到鄙视链下游了，中原各国人民悲哀地发现，那些被自己歧视过的，好像都报复回来了。

报复来得很快很突然

郑国（新郑）、宋国（商丘），都是中原诸侯国，四周的蛮夷势力坐大，就轮到他们日子难过了。

郑国本来是东周诸国中的"先富群体"，繻葛之战，郑国以诸侯身份打败周天子，正经牛过一阵，但后来逐渐衰落，沦为各国段子手的靶子，像"郑人买履""买椟还珠"，大家基本都在黑郑国人。不过这些段子真正嘲讽的对象都是商人，因为当时是农业社会，价值观就是重农轻商。而郑国在立国之初为了发展经济，跟商人签订了互贸协议若干，走得比较近，所以连带着躺枪了。

在寓言故事里，郑国人已经是地主家的傻儿子了，可在历史上，还有比他们更傻的存在，那就是邻居宋国。

宋国人是商朝后裔，从身份来说，就有点尴尬。但宋国人以此为傲，一直以"周朝的高贵客人"自居，并不融入周文化——这么另类，不黑你黑谁呢？于是，结合宋国人自己演绎的历史，先秦诸子在文学作品里写了不少针对宋国的埋汰故事，如"拔苗助长""守株待兔""野人献曝"等，都把宋国描述成了一个固执和愚昧的形象。

而且，在一个历史事件中，宋国更是用实力证明了他们的弱小，证明他们比郑国还要傻。这就是"郑昭宋聋"的故事。

杀了使臣，招来祸患

话说此时，正是春秋中期，晋楚争霸。楚庄王在邲之战中战胜晋国，按理说应该全票通过楚国成为国际霸主，可问题是，还是有人不服。有道是"阎王好惹，小鬼难缠"，而且，不肯低头的不纯粹是小鬼，而是两个傲娇的国家——一个是鸵鸟式的宋国，一个是祖上出过春秋时期第一任公认大哥齐桓公的齐国。楚庄王有心止戈为武，但想成为在中原畅通无阻的霸主，还是得让这两个国家服气，至少，表面要装作服气的样子。所以，楚庄王想了一条妙计，宣传世界和平。

楚庄王叫来两个和平特使，一个是儿子王子冯，一个是大夫申舟，请他们去战败国晋国和尚有一定能力的齐国传达和平理念。王子冯接到的命令是出使晋国，申舟出使的是齐国。这和宋国有什么关系呢？

别急，先看两位送信人的遭遇。

王子冯轻松接受任务，但申舟有疑惑了。他在脑海中打开国际地图一搜索，从楚国去齐国，那得路过宋国，宋国是个一向不和楚国玩耍的国家，他们虽然国力不行，战斗力也一般，但都是认死理一根筋的人，于是，申舟说："大王，给我开个借路单吧！我们总不能无故越境吧？"

楚庄王心想，宋国一个小小的国家，我们是霸主，路过一下，又不是去打他们，开什么借路单？"要借路单干什么？人家小冯去晋国，路过郑国也不要借路单。"

申舟赶紧争辩："不行啊大王，郑昭宋聋啊。"

申舟跟楚庄王分析情势：郑国地处四战之地，既靠近楚国，也毗邻晋

语文老师陪你读《史记》奇葩大会

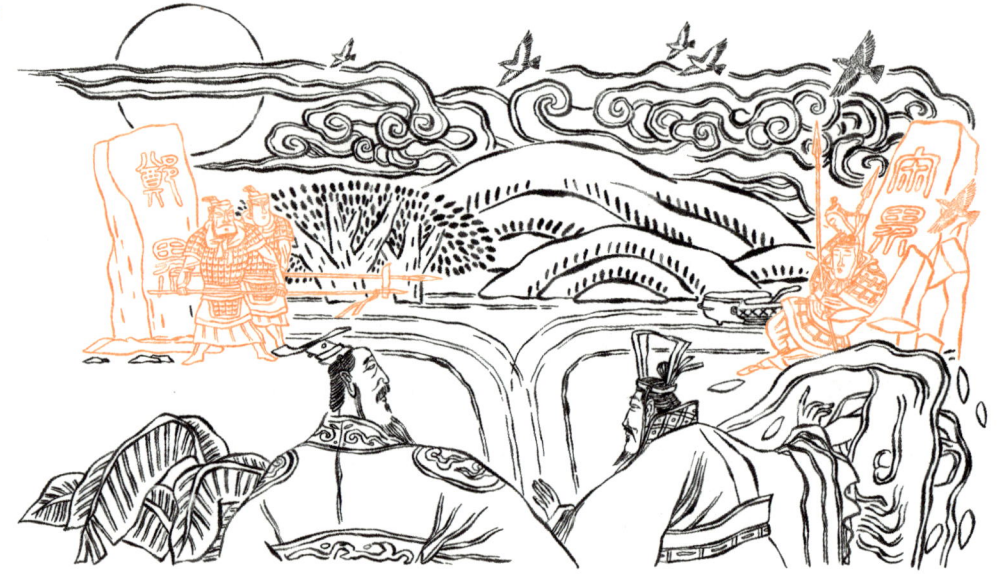

知识加油站

楚庄王派申舟到齐国访问，说："不必向宋国借路。"他又派公子冯到晋国访问，也认为无须向郑国借路。申舟在孟诸之役中曾得罪宋国，就对楚庄王说："郑国是明白的，宋国是糊涂的；去晋国的使者没事，而我却会被杀。"楚庄王回答说："如果杀死你，我立即出兵讨伐！"果然，申舟到了宋国，就被杀死了。"郑昭宋聋"是指郑国人明白事理，而宋国人不谙事理，不会办事，比喻情况不同。

与楚国和宋国相关的成语有：尔虞我诈、荆人涉澭等。

国,在晋楚争霸期间,他们早就学会了风往哪边吹就往哪边倒,但宋国可是有着十足的破落贵族的架势,他们在周天子那儿都自称客人,对我们也是一贯看不上的,简而言之,郑国人很机灵,宋国人很傻。所以,路过郑国不开借路单没问题,但路过宋国不开,自己就有去无回了。

敲黑板,成语"郑昭宋聋"由此产生。

楚庄王毕竟打败了当时的世界霸主,内心有点膨胀,对申舟说:"你是我的人,谁敢杀你?谁动你,哥带人灭了他们。"

唉!申舟本来还想再争取一下,但见大王这样说,只好叹了口气,跑回去拉着儿子申犀就往宫里跑,算是把儿子介绍给大王,托孤了。交代完,申舟哭丧着脸出发。人倒霉起来,走路都踩狗屎,申舟刚走到宋国边境,就被宋国的总理华元逮了个正着。

华元:"噫,楚国佬,干啥来的?"

申舟:"呵呵,华总理好,我去山东半岛出差。"

华元:"那你是路过我们宋国了?借路单拿出来看看。"

申舟:"啊!出门急,忘带了。"

华元:"哼,你就忽悠吧楚国佬。你路过我宋国不给我们打招呼,这是当我大宋没人了啊?你越境不申报,完全是把我们当成楚国的附庸,当亡国奴对待。好啊!不杀你宋国也要亡国,反正都要死,我们是殷人后裔,我们要尊严!"

就这样申舟被杀了。

没实力还贼硬气

消息以最快的速度传回了楚王宫，楚庄王听得瞠目结舌，袖子一甩，暴走去了。当时楚庄王鞋子也顾不上穿，直接冲出了门，等侍从反应过来，赶紧分工行动，拿鞋子的、拿佩剑的、驾马车的都忙了起来，楚庄王冲到院子外，拿鞋子的追上了，到寝宫外，拿佩剑的把剑送到了楚庄王手里。关键是，生气的楚庄王还没有停下来的意思，一个劲往前冲，一直追到集市上，驾马车的才终于把楚庄王喊上了车。

楚庄王没有食言，集结军队，三军向河南进发，围困宋国首都商丘。这就是楚庄王对付宋国的计划。如果自己说着热爱和平，却主动过去招惹宋国，完全是打脸行为，所以，申舟的死，可以算是"借你人头一用"。大概申舟也明白这层意思，这才跑回家把儿子托付给大王。

那么，宋国是什么反应？宋国人也真硬气，一连好几个月过去，宋国既不投降，也不突围，城里粮食用尽，大家就易子而食。没办法，自己的谁舍得吃？就这样僵持到了第二年的五月，楚庄王有点没脾气了，再不回家，今年的庄稼要耽误。

申舟的儿子申犀一听要班师，赶紧跪下哭诉："老大，你说过如果有人杀我爸爸，你会报仇的。"

"这个，那个，我是这么说过哈。"楚庄王违背承诺，有点脸红。

此时，司机申叔时跑出来出主意，让一部分人留下围城，一部分人就地种地插秧，给宋国这帮傻子看看楚国不撤兵的决心。

没多久，宋国求救晋国无门，只有派当初一根筋的总理华元偷渡楚营，找楚国国防部长子反，谈了一通这样中不中、那样中不中等不可描述的交易。子反不敢一个人拿主意，将华元带去见楚庄王。楚庄王也不客气，开口就问宋国城里的情况，华元更是坦诚得让人吃惊，连城内易子而食的情况都一一相告，楚庄王想，再搞下去，宋国就要灭了，宋国身份特殊，干掉他，恐怕要引起国际争端，何况此次目的已达成，于是接受了宋国的投降。

几个月的围困，宋国将士饿得面黄肌瘦，老百姓也饿死了一批，农事更是耽误了。坚持了这么久，最后还是投降，签署了不平等条约若干。宋国，是不是傻？

那么王子冯呢？王子冯路过郑国，郑国人民见到霸主家的王子亲临，一路亲切会见，超规格招待。王子冯顺利到达晋国的首都绛城，宣达了楚庄王的和平理念，晋国人民热情招待了王子冯，吃吃喝喝了一段时间，王子冯带着和平契约启程回国，圆满完成了任务。

现在再来看，郑国宋国都是中原诸侯国，差距咋就这么大呢？有意思的是，两千年后，郑国首都成了河南省的省会，宋国首都商丘更加落寞无闻了，历史车轮碾轧过的痕迹依然有效啊！

二十年，围宋，以^①杀楚使也。围宋五月，城中食尽，易^②子而食，析^③骨而炊。宋华元出告以情。庄王曰："君子哉！"遂罢兵去。

——《史记·楚世家第十》

注释 ①以：因为。②易：交换。③析：劈开。

原文品读

二十年（前594年），楚国包围了宋国，因为宋国杀了楚国的使者。楚国围攻宋都长达五个月之久，宋国都城中的粮食全都吃完了，人们交换儿女来吃，劈开人骨当柴烧。宋国大夫华元出城将城中实情告诉了楚军。楚王说："是君子啊！"于是退兵离开了。

老爸，老爸，我们去哪里呀

"大义灭亲"这个成语在历史上确实来源于一个父亲杀死了自己儿子的故事，这对父子便是卫国的大夫石碏（què）和他的儿子石厚。这一切都因为石厚的"好哥们"卫州吁。卫州吁是卫桓公的异母弟，是春秋时期第一位弑君篡位成功的公子。不过，石碏很瞧不上州吁，并极力劝阻儿子与其交往。州吁坐上了宝座之后，石厚就给他出了一堆馊主意，比如杀人立威、挑起外战等。事实表明，刚刚篡权，地位还不稳固就不要处处树敌。最终石碏找准时机杀死了州吁和石厚。州吁和石厚可能没想到老爷子这么狠，毕竟虎毒不食子啊！

不听不听，老爸念经

石厚，春秋早期卫国人，卫国大夫石碏的儿子，一个于历史海浪无足轻重的人，却和老爸一起为后人创造了一个著名的成语——大义灭亲。

石厚跟卫国国君庄公最得宠的一个儿子公子州吁玩得好，两人从小一起长大，有架一起打，有坏事一起干，俗称"光屁股长大的兄弟"。石厚跟公子关系铁，身为老爹的石碏却深以为惧，经常劝儿子不要跟州吁这种人玩在一起，否则将来没有好下场。更难听的劝诫也说过，但石厚认为老爹危言耸听，剥夺小辈们交朋友的权利，所以，对石碏的建议他基本采取"不听不听，老爸念经"的态度。

那么石碏为什么不看好公子州吁呢？这是有原因的。公子州吁其实长得不错，武功又好，还挺讲义气，能跟部下玩到一块，算是卫庄公儿子里的佼佼者。可问题是，太得宠的，总容易骄傲，而他并不是嫡长子。不是嫡长子，又被惯出了当君王说一不二的毛病，州吁自然不甘心当别人的臣子。

本来，卫国的情况复杂，不是嫡长子也没关系，因为卫庄公的原配夫人庄姜根本就没生孩子，所以，卫国这一代就没有嫡长子，那么，接下来的规则应该是谁行谁上才对，哪个儿子聪明优秀，就由他担当大任好了。可是问题又来了，当年，庄姜几年不生娃儿后，卫庄公以繁衍大计为由头，又去陈国娶了厉妫，那会儿流行"娶一送八"，妹妹戴妫作为媵妾一起陪嫁来了。没几年，陈国姐妹俩都生了孩子，厉妫生了孝伯，早夭，戴妫生了公子完，活下来了。因为这是三个人当中唯一存活的儿子，公子完顿时就成为大家的心肝宝贝。女人到了一定年龄没有孩子，慈母之心却有了，所以，身为原配夫人的庄姜完全将公子完当作自己身上掉下来的肉，有什么好的东西都给他。基本上，公子完就算是寄养在她名下的，所以，公子完是有嫡子头衔的。

那么，公子州吁是个什么身份呢？按照记载，州吁的娘是卫庄公的嬖人，嬖就是宠爱的意思，也就是说，公子州吁的娘出身没有以上三位高，是个小妾，却是卫庄公心尖上的人。爱屋及乌，州吁也得到了老爹不少宠爱。

渐渐地，公子完和州吁都长大了，公子完在庄姜和另两个娘的教导下变得非常忠厚，而公子州吁个性强，喜欢武力，喜欢打仗，庄姜对他是横挑鼻子竖挑眼，很不喜欢。随着儿子长大，卫庄公也老了。人上了年纪后，就保不齐什么时候伸腿闭眼，所以，卫国该确定接班人了。在这件事情上，卫庄公和庄姜的争议很大，两人相持不下，按照道义，自然是要立公子完的，但按照卫庄公的个人偏好，他更看好州吁。

所以，卫国的太子之位一直没有确立。大夫石碏把一切看在眼里，他觉得，作为一个好臣子，是需要在君侯有难题的时候挺身而出的。于是，石碏找到卫庄公，劝他早点确立继承人，否则到时候每个儿子都觉得自己有戏，卫国就算再大，也不够大家糟蹋的。

卫庄公还是有些犹豫，当时就以"我现在还年富力强，不着急"而搪塞过去了。看领导犹豫的态度，石碏慌了，当断不断，迟早要乱。所以，从王宫里出来，石碏径直回家，关上门就拉着儿子石厚，让他以后千万不要跟州吁走得太近，免得受到牵连。

石厚每次听到老爹这样说，都是哼哼唧唧就过去了，根本没放在心上。

犹豫不决的卫庄公还是没来得及确立下一代，就"下线"了。庄姜和陈国姐妹花快速把公子完扶上马，是为卫桓公。你以为天下这就大定了？石碏表示，错了，大乱估计很快就要来临。谨慎的石碏二话不说跑去找卫桓公，表示自己要告老还乡。卫桓公是个厚道人，看石碏确实一大把年纪也就同意了。

回家以后，石碏又苦口婆心地劝了儿子几次，让他离州吁远点，石厚还是老毛病，两边耳朵商量好，一个进，一个出。

抢来的人生巅峰

卫桓公在位的第二个年头，州吁的不服气已经都懒得掩饰了，经常直接表露出对哥哥的蔑视，卫桓公也逐渐表示宝宝不开心了，哪有当弟弟的不听哥哥的话，哪有当臣子的不听君主的话？于是，他把州吁的所有职位给撤了。州吁气得离家出走，跑到别的国家积攒人气和实力去了。石厚很够义气，收拾东西也跟着州吁跑到国外开始"流亡"。

在国外"韬光养晦"了十来年，州吁终于带着军队和自己安插在卫国的内应里应外合，对卫桓公宣布"你下课，我来上"。到这里，所有的行动都在石碏的意料之中。

州吁当了国君以后也没亏待石厚，石厚为此沾沾自喜，在老爹面前炫耀自己眼光独到，现在是从龙功臣了。石碏白了一眼石厚，对儿子"口吐芬芳"了。

不过，虽然州吁当上国君，可作为一个篡位者，他在国内的基础并不牢靠，国人时不时讨论一下，"我们那位篡位的领导"，搞得州吁很没面子。但这难不倒聪明的州吁，内部有信任危机，就祸水东引，转移大家的注意力，搞外战去。州吁给卫国人民找到的第一个仇人是郑国，联合宋国和陈、蔡两个柔弱不能自理的小国一起跑去打郑庄公。

五国联军讨伐郑国，郑国基本上就没理他们，大家只好自行宣布胜利就撤了。

回来后没多久，州吁又坐不住了，感觉国内人民有点不喜欢自己，一拍大腿，内部矛盾，外部解决呀，还是打郑国去。郑国早年跟卫国结了点怨，打郑国，算是为老百姓出气。这种讨好型的国君做得也是很心累。

可即使这样，州吁还是想多了，打完胜仗回来后，卫国老百姓还是骂他，说他劳民伤财。民间都不尊他为领导，私底下取了不少难听的外号。反正，大家都不喜欢他。

州吁这下犯难了，要说当个将军打个仗，对他来说是很轻松的事儿，可是怎么讨老百姓喜欢，这实在是触及他的知识盲区了呀！而如果老百姓一直不喜欢他，领导这个宝座，估计他捂不热就要交出去。

州吁很忧伤。"诶，厚，你爹不是号称卫国第一智者吗？叫他给出个主意啊！"州吁忽然想到了石碏，对身边的石厚说。

"别提了，我爹最近老得拿筷子都拿不稳了，没老年痴呆已经是积德，还让他想主意呢！"石厚对老爹经常离间自己跟哥们很不满意。

"那你给我想个办法啊，你爹脑子清醒的时候是卫国最强头脑，你是他儿子，好歹也能遗传点他的智商吧。"州吁再说。

"我……我，这……我估计我爹有时候能清醒，我还是回家问问他有什么好主意吧。"

智者家的傻儿子

晚上，石厚回到家里就问石碏："爹，听说你年轻的时候辅佐咱们卫国的君主，使得卫国声名远扬，诸侯惧怕，成为中原强国啊！"

石碏一听就知道儿子在打什么主意，卫国还中原强国呢，地理位置就不好，处在四战之地，没被别人夹击做汉堡包就不错了。"说吧，求啥？"石碏开门见山地问。

石厚支支吾吾："那个，爹，我也不瞒您，州吁哥当上国君了，他想做个好国君，想带领我们卫国走进新时代，但是，您知道的，他上位不正，老百姓不怎么服他啊，怎么样才能让老百姓接受他呢？"

石碏一听，脑子里转了几个想法，然后计上心头："这个好办啊，你们出国一趟就可以了。"

石厚一愣，出国就可以了？什么情况？赶紧问："老爸，我们去哪里呀？"

"去朝见周天子啊。老百姓懂啥？只要领导得到周天子的盖章承认，老百姓自然就包容他了。"石碏斩钉截铁地说。

石厚先积极附议了石碏的话，臭骂了一通卫国人民，然后又疑惑道："朝见周天子管用吗？周天子自从东迁后权威就下降了，前段时间还听说周天子跟郑国打仗，被郑伯的手下追着给射了一箭，权威扫地啊，他能行吗？"

"胡说，周天子就是天子，上天盖章承认的，诸侯再牛，也都是王臣，谁敢当面反对周天子？"石碏说。

"那么爹，怎样才可以见到周天子呢？"石厚虚心求教。

知识加油站

州吁是卫庄公最宠爱的儿子,他不但暴虐成性、胡作非为,还杀害桓公夺位。但百姓不拥戴州吁,他便找到一直追随自己的石厚,想让石厚请父亲石碏出山制服国人。石碏是卫国大夫,深得人心,也知道自己的儿子跟随州吁胡作非为,最终下定决心设计除掉二人。后来人们将石碏的举动称为"大义灭亲"。

与州吁相关的成语有:骄奢淫逸等。

"找陈侯啊，陈国刚和天子联姻，在首都很有面子，你带礼物去拜访陈侯，请他引荐你们朝拜天子，这不就解决了吗？"

石厚一拍脑袋："爹，你脑袋里都是老江湖，我脑袋里都是糨糊。"说完，石厚蹦蹦跳跳地就去找州吁了，他要把这个好消息及时汇报。

石碏看着儿子的背影，叹了一口气，心里一半是不舍，一半又为国家感到开心。望着石厚绝尘而去，石碏喃喃自语："儿啊！这是我们最后一次见面了。"

这边，石厚把老爹出的主意告诉了州吁，州吁一拍大腿，连说了三个好。

送钱卖自己

第二天，卫国君臣备好礼物，一路上唱着"卫风"出发去陈国。殊不知，阎王已经在前面等着他们了。

原来，在州吁和石厚的大部队还在路上的时候，石碏派人快马加鞭提前赶到了陈国，使臣来到陈国以后，把石碏的话一字不落地告诉了陈桓公，语调谦卑客气，可中心思想是，我国君杀了你外孙（卫桓公），请你替天行道，代为报仇。

陈桓公刚想明白这层关系，州吁一行浩浩荡荡就赶到了。

州吁下了车，热情地跟陈桓公打招呼，一边吩咐人把礼物先卸了几车，往陈国王宫里搬，一边小心赔笑地说着自己的计划。

"哦，我知道了，礼物放好了？"陈桓公问。

"顺风快递送上楼了！"州吁说。

"那就好。"陈桓公点了点头，然后对左右说："来呀，把这两个卫国的乱臣贼子抓起来。"瞬间，州吁和石厚就被五花大绑了。

"这，这……陈侯，你这是什么意思？"州吁急了。

"是啊！陈侯，您这不是待客之道啊！"石厚也跟着说。

"干什么？"陈桓公哼了一声，"你爹告诉我你们两个是卫国的逆贼，请我陈国代理除掉！"

"啊……"石厚愣了，仰天长叹一声，世界上哪有这么狠的爹呀？

州吁这才算是明白过来，疯狂挣扎了几下，无奈双拳不敌众手，也只好认命。

看着这两个人，陈桓公想了想，州吁虽然是篡权夺位上来的，但他好歹是一国君主，我一个他国的君主，去杀卫国的君主，虽然名义上是为卫国办好事，但是其他诸侯国不这样看啊，我小小陈国哪有资格擅杀诸侯？还是请他们卫国自己人来动手好了，免得将来太史公之类的人说我坏话。

于是，陈桓公把皮球又踢回给了卫国，九月，卫国派右宰丑在陈国和卫国的交界处濮地杀死了州吁，但是石厚怎么处理呢？谁都不愿意去杀石厚，怕万一哪天石碏后悔起来，说不定自己就要去陪石厚了。石碏一看，好嘛，大家都不干，那就派自己家的人去动手吧。同月，石厚被自己的家臣獳羊肩杀死在陈国。

《左传》中评价，说石碏是真正的国之忠臣，忠到连亲生儿子都杀，这是真正大义的人哪。大义灭亲，就出自这里。

历史面对面

桓公二年，弟州吁骄奢，桓公绌之，州吁出奔。十三年，郑伯弟段攻其兄，不胜，亡，而州吁求与之友。十六年，州吁收聚卫亡人以袭杀桓公，州吁自立为卫君。为郑伯弟段欲伐郑，请宋、陈、蔡与俱，三国皆许州吁。州吁新立①，好兵，弑桓公，卫人皆不爱。石碏乃因桓公母家于陈，详②为善州吁。至郑郊，石碏与陈侯共谋，使右宰丑进食，因杀州吁于濮，而迎桓公弟晋于邢③而立之，是为宣公。

——《史记·卫康叔世家第七》

注释 ①新立：刚刚即位。②详：通"佯"，假装。③邢：邢国。

原文品读

桓公二年（前733年），由于桓公的弟弟州吁骄横奢侈，他罢黜了弟弟的职务，州吁出逃投奔他国。十三年（前722年），郑伯的弟弟段攻打哥哥，没能取胜，也逃亡了，州吁请求与他结为好友。十六年（前719年），州吁召集卫国逃亡的人一起杀了桓公，并自立为卫国国君。为了友人郑伯的弟弟段，州吁想要攻打郑国，并请求宋、陈、蔡等国与他一起支持段，这三个国家都答应了州吁的请求。州吁刚刚即位，穷兵黩武，且杀害了桓公，卫国人都很讨厌他。石碏于是借助桓公的母亲家在陈国，假装与州吁表示亲善。待州吁抵达郑国国都的郊野时，石碏与陈侯合谋杀掉州吁，他们派一个名为丑的右宰给州吁进献食物，趁机在濮水杀了州吁，而后从邢国迎回桓公的弟弟晋并立他为国君，便是宣公。

写历史的,你给我出来!

晋灵公很小的时候就当上了君主,因此从小就养成了十分骄纵的习气,他厚敛雕墙,用弹子儿射人,杀宰夫,不敬大臣……可谓一个荒唐的国君。作为相国,赵盾多次劝谏,晋灵公不仅毫无收敛,还对他动了杀心。晋灵公的残暴引来了他应得的下场——赵盾的弟弟赵穿设计杀害了晋灵公。晋灵公虽有赵盾这样忠诚、宵衣旰食、养民惠民的好大臣,但这更加凸显了他的昏聩和残暴,他的结局虽然让人叹惋,但赵盾成了"背锅侠"。史官董狐明确记载:国君就是因你赵盾而死!也许我们会为赵盾鸣不平,但董狐的正直和真实记录,的确堪称"古之良史"。

我妈,哭戏十级表演艺术家

晋灵公夷皋是春秋五霸之一的晋文公之孙,晋襄公之子,晋襄公死得早,因此,夷皋尚在襁褓之中,就差点被人拉下了国君宝座。

当时,晋襄公刚刚去世,主持晋国内政的上卿赵盾和晋襄公的表舅狐射姑一致认为,国际局势不稳,小太子夷皋不具备统领大局的能力,所以,下一任国君该从晋文公的儿子里找。国家两个最有实权的人都这么决定了,本来合该夷皋被篡改命运,可问题是,两人虽然大方向意见统一,但细节上出了岔子,且互相不肯妥协。赵盾认为,晋国在国际上应该继续和秦国交好,缝补出现了裂痕的秦晋之好,所以,要选在秦国做人质的公子雍回来即位。狐射姑当即回应,和秦国搞好关系绝对没问题,所以得选此时在陈国当人质的秦国公主辰嬴与晋文公所生的儿子公子乐才对。

两人就公子雍和公子乐的优劣势展开了长达数天的辩论,其间甚至到了攻击两位公子的老妈的地步,问题仍是没有得到解决。既然没法调和,那就各凭本事,来一场齐桓公与哥哥公子纠式的时间赛跑,看哪位公子先回国,占领御座。赵盾派人去秦国迎接公子雍,同时,狐射姑去请了公子乐,总之,谁都没把国内的太子夷皋当回事。在这场赛跑中,赵盾提前作弊,来了一招釜底抽薪,半路截杀了公子乐,这样一来,公子雍就可以慢悠悠而大张旗鼓地回国即位了。然而,令人没想到的是,不久,赵盾要以同样的方式,截杀他自己选定的公子雍。

这一切,都是因为夷皋的妈妈穆嬴的哭戏好。穆嬴得知朝廷两大阵营放弃名正言顺的太子,非要千里迢迢去找人,当即不干了,天天抱着小夷皋坐在朝堂上哭,质问大臣们为什么舍本逐末,舍近求远。下了朝,穆嬴又抱着夷皋赶下一场,跑到赵盾家里去哭,赵盾家正巧有另一帮大臣在开会,穆嬴就趁机展开吐槽大会,还发明了成语"言犹在耳"。穆嬴斥责他们,先君临死前可是把自己的孤儿托付给大家了,希望大家好好照顾辅佐他,现在他的话还在耳边,怎么你们就抛在一边要换人了呢?

大家耳边天天都是穆嬴的哭诉和威逼,实在是遭受良心的谴责,最后,赵盾终于决定改主意,放弃公子雍,就立小太子夷皋,退一万步讲,穆嬴不也是秦国的公主嘛,也算给秦国面子。那么问题来了,晋国先前已经派人去秦国迎接公子雍,而秦国也已派出大部队护送他回国,人已经在路上了,怎么办呢?赵盾说出了一句语不惊人死不休的话:"好办,立他的时候,他是我们的国君;不要他了,那他就是境外势力派来分化我们祖国团结的坏分子,对于这种分裂行为,打回去啊!"于是,赵盾秘密组织人找了个叫令狐的地方埋伏好,只等公子雍一行走到,晋国埋伏四起,公子雍以及秦国护送队全军覆没。秦国的秦康公收到消息,气得差点没一口老血喷涌而出,当即宣布和晋国世代为仇。而人事不知的小夷皋就是在这样天翻地覆的国际局势中,侥幸地登上了晋君之位,晋级成了后来的晋灵公。

但晋国人民不知道,此举哪里是立了个小国君,简直是找了个灭世之神。

熊孩子的"破坏力"

因为晋灵公年纪小,在赶跑狐射姑以后,晋国这些年的国政大权几乎都掌握在赵盾一个人手中,小国君就变成了国家机器上的一个摆设。无所事事的晋灵公只好恋上了玩乐，变着法地玩。自古以来，如果权力无人约束，那就会形成最强的破坏力，晋灵公就在无人管束之下长成了一个实打实的熊孩子。

首先，因为生长在全国最富庶的地方，晋灵公养成了奢侈的生活作风，在国家固定赋税的基础上又多增税收，给自己装修房子，在墙壁上涂满他喜欢的彩绘。其次，熊孩子最大的特性，就是喜欢捉弄人，比如，春节过年回老家，走在路上，稍不留神，不知道谁家的熊孩子就往你脚下扔了一个鞭炮，在你毫无防备的情况下"啪"的一声爆炸，吓得你连蹦带跳。在这点上，晋灵公可以算是熊孩子的鼻祖，闲着没事的时候，他就爱站在高台上拿弹弓射人，看底下群众一个个惊慌失措地东躲西藏，他在台上笑得拍手跺脚，仿佛得到了巨大的快乐。

如果说以上只是一个贪玩的小孩的行为，算不上罪大恶极，接下来，他就要刷新你对14岁小孩的认知。春秋战国时期有一道流行菜——吃熊掌，比如孟子说，"鱼与熊掌不可兼得"，晋灵公对熊掌也很喜爱，经常让厨师做这道菜。可熊掌比较厚，有时候煮不烂，满心等着美味的晋灵公发现熊掌根本咬不动，怒气值蓄得满满当当。所谓君王之怒，流血百里，他当场命人把厨师杀了，装在筐里，让宫女们抬着筐从朝廷门口经过，有点示众的意思。

大臣们坐着开会开得好好的，忽然见宫女抬着东西路过，不由得目光集体转移，去看宫女。仔细一瞧，不禁让人倒吸一口凉气，那筐里似乎有人手，赵盾和另一位大臣士会忧心死了，如果领导是个爱杀人的，经常有人无辜死亡不说，将来谁也不能保证不会轮到自己或家人呀。于是，两人决定去劝劝晋灵公。

关于劝谏领导，士会是有策略的，他决定，自己先去劝说，因为按身份地位，他稍微低一点，劝了没用，下一步还可以换上朝廷中更重要的赵盾上马，否则，如果赵盾先去，劝谏失败，自己也不好再上场了。说定以后，士会就去见晋灵公了。每当士会往前走一点，晋灵公就装作没看见，背着身子往后退几步，士会又上前，晋灵公再退后，一直退了三次，等实在是没法再装下去了，晋灵公这才好像刚把近视眼镜戴上，招呼士会。别说，晋灵公其实智商高达250，他一瞧就知道士会是来干吗的，心想，如果等他开口，那又是一堆唐僧念经，于是赶紧使了一招"走别人的路，让别人无路可走"，趁士会还没说话，率先开口道歉："我知道错了，我会改正的。"

士会一听，领导觉悟挺高嘛，赶紧磕头称颂一番："人谁无过？过而能改，善莫大焉。《诗》说，'靡不有初，鲜克有终'，意思是说，凡事经常只有开头，最后不了了之，希望领导你能有始有终，这不仅让我们这些做臣子的有了盼头，咱们国家也有希望和保障啊！"说着，士会又背了两首《诗经》做背书，谆谆教诲。

晋灵公全程内心OS：大意了啊，不管怎样他都要念经。

虽然内心不断口吐芬芳，但表面上晋灵公还是摆出了恭敬的样子，士会终于满意地离开了。啰唆的人一走，晋灵公马上恢复原貌，继续很暴力很血腥的生活。这次该赵盾出场了，赵盾是士会的加强版，不仅劝谏，还不断劝谏，搞得晋灵公很烦很郁闷。加上年纪渐长的晋灵公很想掌握实权，可这会儿晋国上下都只看赵盾眼色行事，于是，晋灵公想了一招更大胆的——启动刺杀赵盾计划。

是好运还是好人？

他找了一个叫鉏麑（chú ní）的杀手去行动。于是，史上最奇葩杀手出现了。鉏麑挑了个天快亮的时候悄悄来到了赵盾家，发现卧室的门是打开的，蹑手蹑脚地靠近，往里一看，只见赵盾在穿戴复杂的礼服，准备上朝。"好人啊，忠臣哪，鸡都没叫就起来为国家大事操心了！"鉏麑由衷地感叹。继续围观了一会儿，只见穿好衣服的赵盾望了望天色，时间还早，于是，他就靠在一旁打盹儿，准备睡五分钟的回笼觉。鉏麑越看越感动，"他真是百姓的靠山啊"，这么想着，不由得陷入了矛盾的思想斗争：如果杀了这个为国家操劳的人，那是不忠；如果接受国君的命令却不办，这是失信，违背哪一样都不配活在地表上了。

纠结到最后，鉏麑想到的解决方案就是，弄死自己，再不用为难了。说罢，他大摇大摆地走出卧室，撞死在赵盾家门口的槐树上。

偷鸡不成蚀把米，说的就是晋灵公的刺杀行动，不过，一次失败并没有打击他要除掉赵盾的决心，接下来，晋灵公决定摆一场"鸿门宴"，在请赵盾喝酒的酒局上，让士兵一拥而上杀死他。国君相邀，赵盾赴宴，一切照常进行。可是，事情还是出了岔子，赵盾的"保镖"提弥明察觉到问题了。此时摆在提弥明面前的有两个选择，一是不敢得罪国君，默不吭声；二是找个机会拽走赵盾，比如让他尿遁。提弥明选择了后者，也就是鸿门宴中樊哙的戏码，上前去拉赵盾说："臣子陪国君喝酒，超过三爵就不符合礼了，咱们该走了。"说着扶起赵盾就准备走。

知识加油站

春秋时期,晋国有一个力士锄麑,生平勇敢而又懂得礼体。晋灵公不行国君正道,赵盾多次进谏。晋灵公很厌恶他,派锄麑暗杀赵盾。可是锄麑去行刺的时候,发现赵盾是个忠臣,如果杀了他就是不忠,对不起国家和人民;但是不杀他,又失信于君王,不忠不信,哪里能够在世上做人呢?最后锄麑就撞树自杀了。后以"锄麑"泛指义士或刺客。

与赵盾相关的成语有:冬日可爱、言犹在耳等。

说时迟那时快，见赵盾要溜，晋灵公吹了个口哨，将培养了许久的大型猎狗喊了出来，集体围攻赵盾。提弥明手无寸铁，只好徒手去跟狗搏斗，毕竟是金牌保镖，不一会儿，狗就毙命在地上。接着，提前埋伏好的武士也一拥而上，提弥明带着赵盾且战且退，最后力竭而死。赵盾心说，这下凉了，巧的是，正是应了那句柳暗花明又一村，只见一批武士里有一个人冲了出来，忽然掉转矛头指向原来的同伴们。其他人还没反应过来，这位武士就一通乱打，带着赵盾逃出了王宫。

到了安全地带，赵盾总算有机会解惑了，忙问壮士为何帮自己。武士喘着粗气，只说了一句："我是当初翳桑那个饿得快死的人。"赵盾拼命回忆，这才想起来当初自己在首阳山打猎，住在翳桑的时候，确实遇到过一个奄奄一息的人。此人名叫示眯明（《左传》中名灵辄），他亲自慰问，示眯明说自己是三天没有吃东西，饿成这样的，赵盾见状，马上让手下拿了食物来。接过食物，示眯明突然将它们一分为二，另一半卷起来藏在了袖子里。吃了还要打包？赵盾又不解地问，都饿成这样了，为啥还要留一半？示眯明再次诉说了一段人间疾苦："我在外面当奴仆多年，从没回过家，现在离家近了，不知道家里的老母亲还在不在，不管在不在吧，我想把吃的留一半给她。"赵盾听了不禁感动，忙让他只管吃完，然后另准备了一份完整的饭和肉打包好了给他。

因为有赵盾的一饭之恩，示眯明才得以活命，后来成了晋灵公的武士。因此，当看到刺杀对象是赵盾时，他当即改变主意，要拯救当年的恩人。赵盾忍不住感慨，当初只是举手之劳，没想到今天还能救命，看来人平常真的要多做善事啊！当初自己是他的恩人，现在他是自己的恩人，做好事，恩人也能互换身份。感慨完，赵盾忙问他的名字，示眯明准备当一回活雷锋，隐藏大名，转身告辞了。不知怎么，后来到《史记》里，这隐藏的名字，竟由灵辄变成了示眯明。

不作就不会死

之后，赵盾起身也准备继续逃亡，既然国君要杀自己，看来只能去外国政治避难了。赵盾还在路上逃着，不多会儿，国内传来消息，晋灵公竟然领了盒饭。这是怎么回事？

原来，赵盾的弟弟赵穿向来鲁莽霸道，得知老哥不断被国君刺杀，也不管那么多，秘密组织了一支武装部队，要对晋灵公以其人之道还治其人之身。不久，趁晋灵公在桃园玩耍之际，赵穿派人轻而易举地干掉了他。为啥杀赵盾如此困难，杀晋灵公却如此简单呢？《史记》清楚地记载了原因，"赵盾素贵，得民和；灵公少，侈，民不附"，也就是所谓的得民心和失民心论。晋灵公年纪小，在国内还没建立什么威严，日常又比较奢侈，经常扰民，毫无民意基础。可以说，晋灵公是自己一步步作死的。

晋灵公虽然死了，但他的身后事，还是引发了历史上一个千古佳话——董狐直笔。

赵穿杀死了国君，马上派人将赵盾迎了回来，重新当上了晋国一把手。晋国记录历史的董狐老爷子听说后，马上铺开竹简，用力又不客气地刻下了一句"赵盾弑其君"，写完还拿到朝廷去给大家看。赵盾一瞧，惊慌失措，这不是乱写吗？是赵穿杀的国君，不是我呀。董狐笑呵呵地说："你是正卿，你虽然流亡了，却没出境，现在回来了，也没给国君主持公道，杀死弑君者，而赵穿又是为你杀了国君，这么算下来，不是你弑君是谁？"赵盾被说得哑口无言。怎么搞到最后，这千古臭名声还得自己来背呢？

那时候，记录历史的人就是这么牛，到底是谁动手杀了晋灵公，其实谁都知道，但还要用一支笔抓到罪魁祸首，因为弑君大罪，小人物是背不动的。后来孔子读历史看到这件事，忍不住赞扬，董狐真是"古之良史"啊。真实地记录历史，不肯有一点隐瞒，这样，千百年后，我们的历史才可信，人们从历史中才能有所借鉴。

历史面对面

晋太史董狐书曰"赵盾弑其君"，以视于朝。盾曰："弑者赵穿，我无罪。"太史曰："子为正卿①，而亡②不出境，反不诛国乱，非子而谁？"孔子闻之，曰："董狐，古之良史也，书法不隐③。宣子，良大夫也，为法受恶。惜也，出疆乃免。"

注释 ①正卿：众卿之长。②亡：逃。③隐：隐瞒。

原文品读

晋国太史董狐记载道："赵盾杀死了自己的国君"，并把这个记载拿到朝廷上让各位大臣看。赵盾说："杀死国君的人是赵穿，我没罪。"太史董狐说："你是众卿之长，虽然逃跑了但没有逃出国境，回来后也没有诛杀乱臣贼子，杀国君的人不是你是谁呢？"孔子听说了这件事，说："董狐，是古代的好史官，秉笔直书而毫不隐瞒史实。宣子，是好大夫，为了遵守法制而情愿蒙受恶名。可惜啊，如果他逃出国界就能够免除弑君的罪名了。"

楚国：专治各种不服

课前读史三分钟

楚国是西周分封的诸侯国吗？答案居然是否定的。其实在商朝时期，楚国就是南方的大国了，追溯楚国的历史，楚国是一个自立的古国，不是分封的诸侯国。后来楚国成为周国的敌人，周昭王曾经三次南征。楚国周围的徐国、巴国、蜀国、关国、越国都层层包围着楚国，后来徐国慢慢衰落，楚国独霸了南方。春秋时期，周宣王南征楚国获得胜利，周宣王分封了汉阳诸姬等诸侯抵抗楚国；战国时期，楚国一直和周天子平起平坐，随着不断吞并华夏诸侯，楚国继续发展壮大。阅读本文，让我们一起来看楚国的各种"霸道"吧！

弹丸之地变成"巨无霸"

《礼记》记载:"天子之田方千里,公侯田方百里,伯七十里,子男五十里。"意思是,在西周搞分封建设的时候,按"公侯伯子男"五个等级划分了各位守土诸侯所拿到的土地,周天子的自留地有方圆千里,公、侯两个爵位在一个梯队,有方圆百里土地,伯爵有七十里,梯队最末的子、男爵有五十里地。五十里,按行政区划,大约相当于一个镇大小。也就是说,西周最初的诸侯,子、男国的领导,就相当于我们现在的镇长。

楚国的楚王就是这样一个楚镇长。

不过,众所周知,楚国是春秋到战国时期地盘最大的诸侯,方圆几千里,纵横如今的几个省,这期间发生了什么?楚镇长是怎么从一个不起眼的子爵小国,发展成了称王称霸的"巨无霸"?西周至东周的春秋阶段,楚国就像在玩贪吃蛇,从自家门口吃到别人家门口,一路横行无忌,教别人做人,就是在这样专治各种不服的道路上,他们长成了让人闻风丧胆的大胖子。

来看看楚国是怎么教做人的。

楚国自称是火神祝融的后人,所以,他们和姬周王朝没有任何血缘关系,只因为在建国过程中楚国先祖贡献了一份力量,周天子不得不给予他们一块封地生活。不过,在周人眼里,楚国始终是"非我族类",所以,在将楚国安置在当时的南方无人区以后,周天子又在楚国的门口分封了许多小的同姓诸侯国,叫"汉阳诸姬",挡住楚国的扩张。

楚国也曾经很想团结在周王室周围,于是积极地融入主流文化,拼命申请加群，求大家带他一起玩，可中原诸侯们自恃身份尊贵，根本不想搭理他们口中这个地处"十八线城市"的国家，搞得楚国很没劲：难道非要让我学电焊才能让你们眼前一亮吗？

楚国人没有去学电焊，而是自此变得很强悍，以胖揍邻居的方式，让世界重新认识了他。

从子爵变楚王

最开始一个公然让大家眼前一亮的楚老大叫熊通，面对大家的鄙视和无视，熊通不仅胸痛，还心脏痛，他很不满楚国目前的国际地位，人生已经在大海里漂浮，他不能光做淡水鱼呀。既然下定决心下海，干脆玩一次闪瞎人眼的操作：称王，和周天子平起平坐。

如果光在楚国这犄角旮旯里称王，相当于三叶虫在大海里喊自己是霸主，外人是毫不知情的。熊通决定，他要靠外界把这件新闻事件宣布出去，最好的宣传部长，就是被周天子派来监视自己的随国人。

好好跟随侯商量，随侯肯定会说自己不是那么随便的人，于是，熊通想了个暴力手段，揍他。随国全民一脸迷惑，为什么"人在家中坐，架从天上来"？只好连忙派人去搞外交。见到熊通，随国使者理直气壮："我无罪。"按当时诸侯各国打架的规则，想揍一个人，你得提出他哪里犯错了，只有正义的使者才有身份去教训别人。

熊通可不管这些，回了句："罪不罪的无所谓，我主要是想打人了，毕竟我是蛮夷。"这话说的，就像你问插队的人为什么插队，而他的回答是"因为我没素质呀"一样欠揍。可问题是，随国是打不赢楚国的，只能无语凝噎了。

　　使者知道世界上没有无缘无故的爱，也没有无缘无故的挨打，楚国这么干，一定是有原因的。于是，使者忙点头哈腰，问楚老大的最终目的。熊通微微一笑，心说随国人果然敞亮，当时就把自己想称王，请随侯去周天子那边打报告的想法和盘托出。随国使者一脸便秘的表情，心说这不是让咱们这边挨了打，那边又去挨骂吗？拳头和辱骂，随侯选择了后者，毕竟挨骂不疼。

　　随侯千里迢迢跑到首都洛阳觐见周天子，结结巴巴地提出了楚国人申请升职加薪的申请，周天子一听果然没客气，花了几炷香的时间骂他，然后让他滚蛋。随侯仰天长叹，人生太难了，希望下辈子不要再做难人。

　　挨完骂，随侯灰溜溜地往回赶，路上抽空掏了掏耳朵，希望打通它们的联系，等楚老大暴跳着骂人的时候，能快速一只耳朵进一只耳朵出。然后，随侯又苦练了一会儿心脏病突发的十八种状态，如果楚国还要开战，他就倒地不起，让楚老大亲自跪在地上掐人中求他不要死。

　　出乎意料的是，当随侯瑟瑟发抖地跪坐在楚国大殿时，熊通不仅没发脾气，还非常友好地走下来将他扶起："辛苦了，兄弟，这项任务本来就超乎异常的艰巨，我知道是不可能完成的，咱不扣你绩效奖，还要谢谢你。"

　　尽管满脸写着迷茫，随侯还是在心里默念了一句："不客气，这是你应该谢的。"

　　第二天，熊通召开全国大会，楚国首都升起一面不一样的旗帜，旗子上刻着醒目的字：楚王熊通。楚国人民心情都很亢奋，以为自己的待遇也会随之提升。其实，楚国称王，老百姓只不过从楚子的老百姓变成楚王的老百姓而已。熊通示意大家安静下来，随后发表重要讲话："我们遵循'周礼'，已经给天子打过申请报告了，而且去的人是地位非常高的侯爵随侯，可周天子不同意，那么对不起，从此以后，我们楚国人民要辞职给自己打工了。"

众人又是一片欢呼，这一刻，熊通创造历史，变成了历史上的楚武王。与会的随侯在宴会上大吃一惊，原来还可以有这种操作。而周天子那边毫无消息，仿佛根本不知道这件事。因为知道了也管不住，干脆当作不知情，避免肌肉不发达（打不过楚国）的尴尬。

自此，楚国代代称王，再也不肯做弱小可怜又无助的土包子了，而且，世界那么大，他们想出去看看了。可放眼望去，周边小诸侯国环伺，想出去玩，还得办边防证、出境证等烦琐手续，完全是挡路神啊！在楚王眼里，世界的规则很简单，要么跟我玩，要么变成我的一部分。于是，楚国的邻里关系搞得很差，谁都怕他们动不动跑到自己的领土上开发旅游项目。

当你自己不行的时候，谁行都没用

到了楚成王时期，中原出现了一个千年难遇的男一号——"春秋五霸"之首的齐桓公。在管仲、鲍叔牙、宾须无、隰朋等人的辅佐下，齐桓公将齐国打造成了北方第一国，平时没事就喜欢变身八爪鱼，伸手管管别人的闲事。而且，齐桓公是个优秀的"隔壁老齐"，一路精准扶贫，帮大家搞建设，扶老太太过马路，深得人心，中原一带诸侯都公认他是"带头大哥"。

楚国周边一直耷拉着脑袋的黄国国君听说后，突然来了精神，大呼"齐侯，我可想死你啦"，随后，便赶紧申请加入中原诸侯的怀抱。齐桓公当然不会拒绝别人的抱团，而有了后台和组织，黄国国君头也不歪了，腿脚也利索了，最主要是腰杆子也直了，只想把楚成王当个屁给放了。

"咱背后可是中原联盟，十几个国家，楚蛮子算啥？"黄国国君经常在国内这么说，别人劝他小声点，不要到处嚷嚷，黄侯满不在乎，继续膨胀，"从楚国的都城郢地到我们这儿可有九百里地，楚国能跨过山和大海来把我怎么样吗？"

还真能，黄国国君的牛皮顺着风吹到了楚成王耳朵里，楚成王二话不说发兵跑了九百里地：既然他不服气，咱就让他漏气，坚决不让"嘴炮"活到下一集。

以黄国战五渣的实力，只消半天，楚军便长驱直入，分分钟灭了黄国。电视剧《芈月传》中和芈月谈恋爱的春申君黄歇，就是楚国占领黄国后，把自己人封去了那儿看家，成为世代封君。

听说黄国被灭，远在北方的齐桓公根本来不及反应，毕竟，黄国从版图上消失这件事，对世界来说，不过是脸上挤掉了一颗青春痘，很快就平复下去了。

春秋过了一半，到了楚昭王时期，楚国的历史遗留问题来了个总爆发——当初，楚昭王之父楚平王携手油腻大叔费无极制造了不少冤假错案，其中有一出，就是冤杀了历史上鼎鼎大名的伍子胥的父兄。伍子胥一路狂奔到吴国后，经过十几年的铺谋，终于连劝带哄地带着吴王阖庐的吴国军队反攻楚国来了。即位不久的楚昭王王位都没坐稳，就带着妹妹逃命去了。

楚国是精致的利己主义者，一路上都没交到什么真心朋友，这会儿，"趁你病要你命"的人纷纷跳了出来，要趁火打劫，戳一下楚国的尾椎骨。旁边的胡国是最积极的，趁吴国还在楚国撒野，胡国国君高唱着"等了好久终于等到今天"，连忙派人到边境把靠近胡国的楚国人全免费逮捕起来，赠送了豪华监狱套餐。楚国人怎么办？没办法，楚昭王这会儿自身难保，还在沼泽地里逃亡呢。

后来，伍子胥的朋友申包胥千里迢迢跑到秦国咸阳，上演了一出精彩又苦情的"哭秦廷"剧目，秦哀公深入调查后，很受感动，拉着申包胥的手唱了一句"岂曰无衣，与子同袍"，随后便发兵援助楚国。毕竟，救楚国也是救秦国自己，楚国要是完蛋了，秦楚百世敌人的晋国人就开心了。做人呢，最主要的是不能让别人开心。所以，秦哀公大手一挥派出几员大将，随申包胥连夜奔赴楚国，与楚将会合，驱逐吴国侵略者。

贪吃蛇王者玩家在线表演

烂船还有三千钉，楚国毕竟正经牛过，只要喘口气的工夫，他们就能深度呼吸。没多久，在秦楚联军的合攻下，吴国节节败退，加上国内有人想篡位，隔壁越国又在暗戳戳地打游击战，吴国只能全线撤回，守老家去了。楚国收复国都，楚昭王一番山水迢迢回到了首都。现在，秋天到了，该黄的叶子要黄了，该糊的国家要糊了，该凉的人也必须凉了。

胡国国君胡豹听到楚国光复的消息倒吸了一口凉气，真凉，只怕不久，自己比这口气还要凉了。胡国集体意识到了问题的严重性，纷纷出主意，要不把楚国人送回去后，再耍点"前面不是我，我被盗号了"的套路，看能不能求得楚王的原谅。谁知道，胡豹是个倔脾气，感慨道："过过顺气的日子，再不想回去过受气的日子了。"于是，胡豹颤抖着嘴故作镇定地说："国家兴亡，咱有啥责？那是老天爷决定的。楚国是天吗？我为什么要对他们点头哈腰吸肚子？"

话音刚落，胡豹的话又一次走"顺风快递"投到了楚昭王耳朵里。楚昭王亲切地和臣子们讨论了搞死胡国的100种方法，然后，胡国就顺利加入楚国版图。看着被抓来当俘虏的胡豹，楚昭王笑着说："你们的兴衰，我楚国还是有本事说了算的。"

尽管楚国进行了报复，不过，自从被吴国攻占首都，周边的小诸侯们看楚老大都有了不一样的意味，强大如斯的楚国都能轰然倒塌，是不是说明，他这轮太阳就要落山，现在只剩个空壳子了？长期生活在楚国压迫下的顿国人民想法最活跃，憋屈了大半辈子，他们想跳槽了。当时天下，脱离楚国"魔爪"，就只能登上晋国的"贼船"，顿国君臣商量后，都觉得天下乌鸦肯定不都是黑色，晋国大哥说不定是个好老板。

人生不应该是"我想怎么样"，而应该大胆迈出脚步，"我要怎么样"，顿国人民想清楚了站队问题后，开始甩脸色让大家自己识别了。在春秋战国"大鱼吃小鱼，小鱼吃虾米"的社会环境里，楚国的小跟班陈国也经常欺负顿国，所以，打定主意和楚国划清界限后，顿国人民第一个难看的脸色就是甩给陈国人看的。

陈侯也不自己发作，而是快马加鞭跑到楚国打小报告，毕竟，让拳头大的人出手，自己能省好多事。陈侯说："我发现顿国人最近看我们的眼神不对，他们一定是要叛出组织了！"

楚王哈哈大笑："既然他们不想独立拥有姓名，那就冠上我们大楚的姓氏吧！"说完，他又开玩笑地对陈侯说："你明天来楚国当眼科医生吧，我瞧你眼睛挺好使的。"随后，史书又出现了言简意赅的一句话："二月，楚灭顿。"

整个春秋时期的楚国，就像一个贪吃蛇，一旦听到谁的牢骚，他也不气恼，无非是楚国领土从此又大了一片。教做人，他们是专业的。

当代有个段子说，从春秋到战国，那是无数场兼并战，如果你搞不清楚春秋的数百个诸侯死于谁手，很简单，二选一，不是秦国，就是楚国。

历史面对面

三十五年，楚伐随。随曰："我无罪。"楚曰："我蛮夷也。今诸侯皆为叛相侵，或相杀。我有敝甲①，欲以观中国之政，请王室尊吾号。"随人为之周，请尊②楚，王室不听，还报楚。三十七年，楚熊通怒曰："吾先鬻熊，文王之师也，蚤终。成王举③我先公，乃以子男田令居楚，蛮夷皆率服，而王不加位，我自尊耳。"乃自立为武王，与随人盟而去。

——《史记·楚世家第十》

注释 ①敝甲：军队。②尊：尊号。
③举：提拔。

原文品读

三十五年（前706年），楚国攻打随国。随国国君说："我并没有罪过。"楚王说："我在蛮夷之地。如今诸侯纷纷背叛天子，互相侵犯、攻杀。我拥有军队，打算借此参与中原的政事，帮我请求周王室尊奉我的名号。"随国人帮楚王向周王室请求尊号，周王室不答应，随国人回报了楚武王。三十七年（前704年），楚王熊通气愤地说："楚国的祖先鬻熊，是周文王的老师，可惜去世得早。周成王想要提拔我的先公，可是竟然只赏赐了他子男爵位的土地，让他住在楚地，现在蛮夷部族都已归顺，但周天子仍不给加封爵位，我自称尊号好了！"熊通于是自称武王，与随国人缔结盟约后才离开。

玩秦国人,我们是专业的

春秋时期,晋国和秦国是相邻的大国。晋献公把自己的女儿嫁给了秦穆公,加强同秦国的关系。让人没有想到的是,晋国竟然屡次玩弄秦国。先是晋公子夷吾即位后,割让河外五城给秦国作为报酬的承诺无限期拖延,再是晋国闹灾荒时从秦国获得了大量粮食。等到次年秦国粮食歉收时,晋惠公见死不救,反而发动了韩原之战。好在苍天有眼,晋惠公在战争中被秦国活捉,但老天拗不过他的好姐姐,还是安然无恙地回了家。很多年过去了,晋国的后代又给秦国人表演个现场翻脸,"秦晋之好"最终演变成了"秦晋世仇"。

一切源于"骊姬之乱"

也许你脑海里的秦国还只是一统六国,霸气无比的大统一帝国,也许你已知秦国在春秋时期,作为老实的陕北汉子而被欺负的一些历史,但你一定不知道,他们被欺负得有多惨,中国历史上第一个皇帝的祖先,曾经受过多少委屈。这一切,得从秦国跟晋国打交道说起。

那会儿,晋国还是晋献公在位。秦国的秦穆公是个有想法、有野心的人,秦国地处西陲,日常只能跟西戎玩,他一直羡慕和向往中原文化,因此主动结交邻居晋国,要给他们当女婿。春秋诸侯国之间,这种求婚没有正当理由是无法拒绝的,晋献公就将自己的大女儿伯姬嫁给了秦穆公。这就是成语"秦晋之好"的由来。让秦穆公万万没想到的事,伯姬虽是个让他十分满意的好老婆,可她也是个超级"扶弟魔",之后秦国的所有麻烦,都由这次结亲而起。而晋国的问题,由一个叫骊姬的漂亮女人引起。

骊姬是晋献公的老婆,她有多漂亮呢?沉鱼落雁的传说中,落雁的原型就是她,被当代誉为中国古代四大美女之一的王昭君,反而是个盗版。

骊姬给晋献公生了个儿子奚齐,所谓"女子虽弱,为母则强",这种强,有时候也会变成伤害他人的心眼。无论是出于对儿子的爱,还是自身以后的保障,骊姬都想把最好的捧给儿子。但是,作为续弦,骊姬虽然后来居上,成了晋献公的心头好,可儿子的待遇完全没跟上。晋献公有三个优秀的儿子,一个是晋献公的初恋齐姜生的申生,一个是大狐戎姬生的重耳,一个是小狐戎子所生的夷吾,分宠爱和分遗产的人可太多了。此时,晋国的太子是申生,等于说,摆在骊姬面前的大山比愚公还多一座,她要

知识加油站　秦穆公为了加强与中原诸侯国的友好关系，便与当时强大的晋国联姻，晋献公将女儿嫁给了他。秦穆公又把女儿嫁给了在秦国做人质的公子圉，以期亲上加亲。没想到公子圉偷跑回晋国，成为晋怀公。秦穆公立即决定帮助重耳当上晋国国君，还把公主嫁给了他。"秦晋之好"代表的是一种政治上的联姻，后也指男女之间的婚姻。

与秦国和晋国相关的成语有：拜赐之师、痛心疾首等。

一连除掉三个哥哥，儿子奚齐才有希望坐上晋君的宝座。

俗话说，功夫不怕苦心人，有了终极目标，骊姬又将目标分化成一个个可实施的小目标，打击和分化那兄弟三人。骊姬搞了一系列小动作，最终想告诉晋献公的只有一句话：你大儿子申生要造反，重耳和夷吾不是帮凶也是图谋不轨的人。诗说，"岂知千丽句，不抵一谗言"，何况还是心爱的美人设计的套路和谗言，晋献公对此深信不疑，于是，好端端的晋国自此走了一段弯路，申生自杀，重耳和夷吾分别逃命去了。

晋献公完成历史使命寿终正寝以后，奚齐在骊姬的支持下即位，可历史悠久的晋国积累了那么多王牌家族，并非一个女人和一道遗命就能顺利完成接班的，太子申生的拥护者、现改为支持重耳的大臣里克毫不手软，在奚齐准备上台的当天就来了一招釜底抽薪，把小国君干掉了。儿子死了，骊姬打算把外甥卓子扶上位，里克心说，咱晋国还在乎多添一点血色浪漫吗？于是，卓子也被干掉了。

世界上最好的姐夫

国内摆平以后，里克派人去邀请重耳回来捡现成，可重耳和团队深思熟虑后，觉得现在时机不到，国内各方潜藏势力太多了，没有坚强的后盾，自己搞不定呀，于是，重耳拒绝了邀请。这下尴尬了，连杀两任小国君，新的领导人又请不回来，怎么办？对，还有夷吾。夷吾当时就很想回去，但老师告诉他，晋国内部不稳定，咱必须找个强大的外援，有底气地回去。找谁呢？秦国。伯姬虽不是一母同胞的姐姐，秦穆公是姐夫的事实却改变不了。

夷吾派人跟秦穆公说，只要支持他回国，将来把河西的五座城割给秦国，秦穆公当即答应："没问题，小舅子，姐夫支持你。"夷吾又派人跟里克说，只要晋国敞开怀抱迎接自己，将来把汾阳分给他。里克也表示："没问题啊，反正你哥也不肯回来。"大家收到空头支票，都很乐意帮夷吾，就这样，夷吾顺利回国，成了历史上的晋惠公。

现在，是兑现诺言的时候了。可晋惠公不仅要做老赖，还要杀人赖账。

对内，他跟里克说："没有你，我是到不了今天的，可你连杀了两任晋君，当你的国君好难啊！所以，你明白了吗？"里克忍不住翻脸："不杀他们，能轮得到你吗？真是'欲加之罪，其无辞乎？'"

对外，秦穆公的要账小分队一来，晋惠公就以刚即位，国内局势不稳定为由无限期拖延，还说大家都是一国之君，让姐夫理解理解。秦穆公对此毫无办法。

古人认为，如果你太缺德，别人无法制裁你，那老天就会来收拾你。这一年，晋国闹灾荒，粮食歉收了。怎么办？大家一商量，有问题，找姐夫呀。

晋惠公派人跟秦穆公说："姐夫，国内闹灾荒了，河西之地更给不了了，先卖点粮食抗旱救灾吧。"

秦穆公心说，你还有脸来，但考虑到国家受灾，可怜的是晋国的老百姓啊，只好召集大家商讨。公孙支说："如果给了，他们会报答我们，那最好。如果给了，他们不报答我们，那他们的百姓也不是傻子，大家心里自有一杆秤。"百里奚说："天灾的事说不定啊，今年是他们，明年说不定就到我们了，而且所谓一方有难，八方支援，国际之间有互相救助的道义，应该给。"秦穆公恍然大悟，对啊！讨厌的是他们的国君，让百姓跟着受苦受难甚至饿死，那就不人道了。

于是，秦国将粮食运送到晋国，规模之大，在历史上被称为"泛舟之役"。

春秋版恩将仇报

后来秦国不幸被百里奚说中，第二年，粮食歉收了。不用多想，找晋国。晋国在晋惠公的带领下很快就商量出结果了，不卖。大臣庆郑说，这不太道德吧？虢射赶紧出来表示："不给！即使给了，他们还是会埋怨我们没割让河西五城，憎恨不会减少，反正增加他们的实力干啥？去年上天把晋国都拱手赐给秦国了，秦国人傻钱多，还给我们粮食，现在上天把秦国交给晋国收拾，我们不但不能帮他们渡过难关，还要趁机攻打他们才算符合天意。"

晋惠公听得哈哈大笑："虢大夫说得好有道理。"庆郑简直被这样的三观震惊了。

秦穆公气得胃疼，如果不是粮食去年给了晋国，秦国的屯粮肯定够度过灾荒啊！

没办法，秦国人民只好省吃俭用，勒紧裤腰带，度过了最难熬的日子。等情况好了，秦穆公终于忍无可忍，集结军队，攻打晋国。战争发生在韩原，所以又叫韩原之战。刚交战没多久，晋惠公的马车忽然陷进泥坑里去了，正好庆郑在旁边，就呼叫他来推一把车，谁知道，庆郑根本不想搭理，直接装耳背。过了一会儿，庆郑忽然看到一幕，晋国由韩简、虢射、梁由靡组成的一辆战车眼看就要抓住秦穆公了！庆郑实在是不愿意看到这些小人得志、好人没好报的结局，忙急中生智，跑去喊他们赶紧去救晋惠公，这才给秦穆公解了危机。

最终，晋惠公反而被活捉了。晋国大臣只好披头散发地跟着国君来秦国当俘虏。秦国憋了一年多的委屈，终于可以有所安慰了。可谁知道，"扶弟魔"伯姬听说弟弟和老公闹成这样，当即再次偏帮弟弟，带着两个儿子一个女儿大摆祭台，只要晋惠公君臣前脚被当作俘虏走进秦国，后脚他们母子四人就点火烧死自己。

秦穆公得到消息，急得直跺脚，如果因为一个讨厌的人搞得自己家破人亡，这不是得不偿失吗？于是，晋惠公没吃什么苦头，巴结了姐夫几句，留下了儿子公子圉在秦国当人质，自己回国继续当国君去了。

公子圉毕竟是外甥，秦国也没亏待他，秦穆公还找了五个侄女嫁给他，真算是仁至义尽了，可谁知道，当晋惠公折腾完，要走完人生的时候，公子圉生怕国内空虚，竟一声不吭偷溜回国去了。

和晋国每次打交道，秦国都是赔了夫人又折兵。

我给你们表演个现场翻脸

很多年过去，这一辈的人都死得差不多了。秦国此时是秦康公继位，晋国的晋襄公刚刚去世。晋国对立谁为国君的问题产生了严重分歧。

朝堂上有两大势力，狐射姑支持公子乐，赵盾支持公子雍。两人互不相让。于是，赵盾来了一招釜底抽薪，把公子乐在回国继位的路上干掉了。现在，找回公子雍就可以了。

公子雍在哪里呢？在秦国当人质呢。赵盾派人把自己的想法告诉了秦国，秦康公很开心，就算不能狠敲一笔，也能趁机搞好两国关系，连忙答应派人护送公子雍回国。因为有了前面几次不友好的经历，秦康公特意多派了人手，就怕路上出岔子。

万事俱备。可是，岔子还是来了。

原来，晋国不是没有太子，只是太子夷皋太小，大家不打算立他为国君。但太子的母亲穆嬴不高兴了，先国君立的太子，你们凭啥不拥护？穆嬴三天两头抱着太子去找赵盾哭，见人就说自己孤儿寡母很可怜，赵盾没办法，只好答应拥护太子。

什么？拥立小太子，那公子雍怎么办？

公子雍一行对晋国内部临时反叛完全不知情，还一路唱着陕北民歌向山西进发。

晋国大夫："老赵，我有个问题不知当问不当问，立夷皋，那公子雍怎么处理？"

赵盾："当然是打走啊。之前打算立他，他就是我们的国君。现在我们已经确定国君了，那他就是秦国佬派来扰乱我们晋国内部的敌人。对敌人，当然要打啊！"

所有人都无言以对。

就这样，公子雍一行还在愉快地往晋国赶，而晋军已经集结埋伏，准备偷袭秦军了，秦军走到了令狐，忽然一群人冲出来一顿砍，秦军毫无防备，措手不及，切菜似的全被剁了，公子雍也被杀死。因为赵盾的决策，晋国瞬间全员恶人。

见过欺负人的，没见过这么欺负人的。见过不讲理的，没见过这么不要脸的！消息传到秦国，秦康公心痛得差点心肌梗死先走一步。

自此以后，秦晋算是世仇了，秦国每一位国君即位之前，都要背诵一遍屈辱历史，都要在列祖列宗牌位前发誓：总有一天要干死晋国佬。

历史进入战国，秦国确实做到了，可是，彼时的秦国已经不是原来的秦国了，原来那个厚道老实、宅心仁厚的国家，已经完全丧失了原来淳朴的国风，变成了大家口中的"虎狼强秦"。

历史面对面

四年，晋饥，乞籴（dí）①于秦。缪公问百里傒，百里傒曰："天灾流行，国家代有，救灾恤邻，国之道也。与之。"邳郑子豹曰："伐之。"缪公曰："其君是恶，其民何罪！"卒与粟，自雍属绛。

五年，秦饥，请籴于晋。晋君谋之，庆郑曰："以秦得立，已而倍②其地约。晋饥而秦贷我，今秦饥请籴，与之何疑？而谋之！"虢射曰："往年天以晋赐秦，秦弗知取而贷我。今天以秦赐晋，晋其可以逆天乎？遂伐之。"惠公用虢射谋，不与③秦粟，而发兵且伐秦。秦大怒，亦发兵伐晋。

——《史记·晋世家第九》

注释：①籴：买进（粮食）。
②倍：通"背"，违背。③与：卖给。

| 原 | 文 | 品 | 读 |

四年（前647年），晋国闹饥荒，向秦国乞求购买粮食。秦穆公向百里奚征求意见，百里奚回答说："天灾频发，每个国家都有可能发生，救助灾民、赈济邻邦，是国家的道义。给他们。"邳郑的儿子邳豹说："应该趁此机会讨伐晋国。"秦穆公说："晋国的国君的确有罪过，可是晋国的百姓又有什么罪呢！"秦穆公最终将粮食卖给晋国，粮食从秦国的雍城源源不断地运送到晋国的绛城。

五年（前646年），秦国爆发饥荒，向晋国请求购买粮食。晋惠公召集大臣商量，庆郑说："君王是凭借秦国的力量被立为国君，可您即位后却违背了给秦国河西土地的誓约。去年晋国闹饥荒，秦国卖给我们粮食。如今秦国爆发了饥荒，请求我们卖粮食给他们，我们当然要卖，这有什么疑问吗？我们还有什么必要在此商讨呢？"虢射则说："去年上天把晋国赏赐给秦国，可是秦国却不知道乘胜攻击我们反而卖粮食给我们。如今上天把秦国赏赐给了晋国，晋国怎么能忤逆上天呢？我们应该攻打秦国。"晋惠公采取了虢射的计谋，没有把粮食卖给秦国，反而派兵讨伐秦国。

最没存在感的一次"战败"

众所周知,晋楚城濮之战是春秋五大战役之一,多个诸侯国参与其中,经此一战,晋文公确立了中原霸主的地位。而在此战中,楚国国力并未大损,楚成王心有不甘,准备伺机而动。两国剑拔弩张的关系势必牵动着其他大诸侯国。晋文公死后,两国发生了一场奇怪的战争,楚国不败而败。"心机男"阳处父如何智胜斗勃?从写信约战,到假报大捷,再到离间楚国君臣,阳处父可谓利用好了每一个细节,以他过人的智谋,不损一兵一卒,就把敌军神不知鬼不觉地收拾了。敌军大将到死都不知为何,楚国君臣被他耍得团团转。读罢本文,不知你是怜斗勃之忠呢,还是叹商臣之毒?

大国最爱收小弟

晋楚争霸期间，晋国和楚国发生的故事，只能出自战场。

在晋楚刚接触没多久，国际局势变动很大，主要是那帮跟班小弟会随时转换阵营，而为了抢小弟，晋楚之间经常发生接触战。在著名的大规模战役城濮之战后，晋国又就许国的归属问题发难，带领陈、郑二国前去伐许。小小许国，连郑国都打不过，哪里用得上晋国这尊大佛？显然，晋国人是针对其背后的楚国来的。

楚国也不示弱，尽管之前打了败仗，主帅也被迫自杀，但为了保护小弟，他们迎难也要上。楚国总理带兵出门，直扑陈、蔡两国，为什么楚国人要略过郑国去蔡国？柿子要挑软的捏，郑国怎么说也是排得上号的国家，战斗力虽然无法跟楚国抗衡，可打起来毕竟费劲，蔡国就好办多了。

果然，楚国大军一到，陈、蔡马上举白菜投降，和楚国签订不平等条约。有人说，陈国不是正跟着晋国在打许国吗？国内投降，跟着晋国的那部分人怎么办？做大哥嘛，就要有小弟会临时叛变的觉悟，所以，晋楚基本不会因为小弟们被兵临城下无奈地更换阵营而生气。

晋、陈、郑联军听说楚国的迂回战术，当即放弃许国，跑去找蔡国的麻烦。为什么又是蔡国？因为，陈国虽然也当了叛徒，可人家这趟欺负老许至少出人出力了，目前还跟在军中，他们的投降至少是被逼无奈，蔡国呢，纯粹就是毫无原则的墙头草。

你过来呀

楚国人还没走远，听说刚收回的小弟蔡国又被晋国人围了，当即掉转车头，要去解救蔡国。当大哥的，最重要的就是保护小弟时英勇挺身。就这样，原本不想见面的两个国家，在蔡国附近相遇了，双方在泜水两边对峙。

晋国的统帅是一个叫阳处父的大夫，楚国的则是新任总理斗勃。

双方一见面，谁是厉包立马展现出来，阳处父以前管的一直是外交礼仪方面的工作，对战场真是没经验，此次遇上的又是强硬的楚国，虽然之前有城濮之战胜利的余威加持，他也不敢冒险和楚国人正面接触。于是，脑子活络的阳处父想了一个主意，邀请楚国人过河来决战。阳处父派人对斗勃喊话说："你过来呀。"当然，外交家的文辞没有这么强硬，而是十分谦恭的："文的方面来说，我们不会欺负顺从我们的人；武的方面，我们也不会躲避仇敌。所以，你要是想开战，我准备退三十里给你们过河，然后我们再约时间开打。要是你们不想来呢，就原地等我缓口气，我是长途跑来的，等我们休息完了，再渡河去跟你们决战。"

斗勃是个急脾气，听完当场就要命令大家过河，一旁的人赶紧劝："老大，你忘了泓水之战'半渡而击'吗？晋国人向来是大忽悠，不讲信用，他说退三十里，万一没退，而是埋伏起来，等我们过河到一半，他们就发起进攻，我们就死得很惨了。不如我们退三十里，让他们过河来会我们。"

斗勃一听，有道理啊，毕竟之前与宋国泓水之战"半渡而击"的事，就是自家楚王干的，相信狡猾的晋国人一定也会这招。于是，斗勃下令，全军后撤三十里地，欢迎晋军渡河。

见楚军后撤，阳处父得意地笑了，对晋军宣布："你们看你们看，楚国人尿了，他们跑了！"既然楚国人都遁走了，晋军自然没必要继续待在这里吹西北风，阳处父当即宣布全军回家。

比冤屈，窦娥都不配上榜

楚国人退后安营扎寨，准备第二天和晋国来一次正面战役，谁知道，一大早起来，发现河边一座营地也没有，哪还有晋军的踪影。斗勃知道自己被耍了，只好带着军队回国去了。作为一个老实人，斗勃并没有一路宣布"晋师夜遁"，只乖乖认栽，承认被阳处父忽悠了。谁知道，回去后，大难紧随而来。

当初，楚成王要立太子的时候，看上了长子商臣，就问斗勃有什么意见。斗勃觉得，楚成王老婆多，孩子多，如果活得长，以后一定会更偏爱年轻的老婆生的小儿子，现在就立太子，到时候一定会引发内乱。而且，商臣从小就不是善类，做事比较残忍，他一向看不上，当即就否决了，还说了一堆商臣的坏话。不过，楚成王是个固执的人，他的做事风格向来是"尽管你说得很有道理，但我不听你的"，征求完意见，又不肯采纳意见，仍然立了商臣为太子。

这样一来，斗勃反倒里外不是人，被记在了太子的小黑本上，成了要划掉的敌人。这次空手而归的消息被太子商臣得知，马上跑去找楚成王告黑状，说斗勃是收受了晋国的贿赂，故意不跟他们打。商臣还添油加醋地提及城濮之战的失败，这次又这么没面子，真是楚国的奇耻大辱呀，而斗勃就是使我们受辱的人！

楚成王一听，对呀，还没一雪前耻，又在战场上逃避敌人，传出去楚国岂不是要喜提"尿货"头衔？楚成王当即大怒，命人把斗勃拉出去杀了。和晋国的两场战役，楚国死了两任总理。

不过，害死斗勃的阳处父，最终也没得到好下场。

当初，晋文公死后，晋国的内政班子也随之更迭，晋襄公打算让表叔狐射姑当中军元帅，赵盾做副帅。在一次阅兵仪式上，阳处父竟然不听命令，私自更改了晋襄公的命令，宣布让赵盾当中军元帅，狐射姑为副帅。狐射姑知道后，对阳处父恨得牙痒痒，特别是之后在晋国的内政上，赵盾总是压他一头，处处不能顺心如意，狐射姑把这一切记在了阳处父头上。因此，在一次和赵盾扳手腕失败后，明知自己在晋国已没立足之地，狐射姑干脆一不做二不休，派人先把阳处父解决了。

最后，史书对此的记载，是"晋杀其大夫"。意思是，这是晋国的行为。这是因为，阳处父结的虽然是私怨，却是因为他乱改诏令，导致了这样的结果，所以，杀他这件事，完全符合晋国官方的操作。也就是说，他的死，在史书上的盖棺论定中，并没有可惜之处。

历史面对面

四十六年,初,成王将以商臣为太子,语令尹子上。子上曰:"君之齿^①未也,而又多内宠,绌^②乃乱也。楚国之举常在少者。且商臣蜂目而豺声,忍^③人也,不可立也。"王不听,立之。

——《史记·楚世家第十》

注释 ①齿:年龄。②绌:通"黜",废黜、贬斥。
③忍:残忍。

|原|文|品|读|

四十六年(前626年),起初,楚成王想要立商臣当太子,他将此事告诉了令尹子上。子上说:"国君您还年轻,而且有很多宠妾,如果现在立太子将来还可能会罢黜,会使国家发生动乱。楚国立太子常落在年少的儿子身上。况且商臣的眼睛像毒蜂、声音似豺狼,是个极其残忍的人,不可立为太子。"楚成王没有听从子上的劝告,立商臣为太子。

周王朝的"内奸"

课前读史三分钟

公元前770年，周平王迁都洛邑，标志着西周的灭亡。在《诗经》中记载："赫赫宗周，褒姒灭之。"对此，屈原曾提出质疑："周幽谁诛，焉得夫褒姒？"看来，红颜祸国论并非人人都赞成。那么，西周因何而灭亡呢？读完本篇，你会认识到西周的灭亡应该是各种力量的角逐以及众多合力的推动而造成的。比如申后和太子的不甘与惶恐、周幽王的私心、申侯的自保、犬戎的投机等，所有这些，对当事人来说，既包含历史发展过程中的偶然，也隐含着长期以来政治体制发展中的必然。因此，在历史的演变过程中，每一个结果的背后都隐藏着千头万绪的线索。

把女婿拉下马

本文的男主人公申侯是春秋时期申国的首领，是侯爵，所以被称为申侯。按理说申国既不是诸侯国中的一流国家，也没有跟周王室有多亲近，能够在史书上留下这么一大笔，全靠他舍得一身剐、敢把皇帝拉下马的行为——带领外族侵入周朝，使得西周灭亡。

乍一看，这似乎是一个千古罪人了，可历史的评价不尽然如此，因为，被他拉下马的这个"皇帝"周幽王实在是不讨人喜欢，几乎没有人为他感到惋惜，甚至大多数人也想把他拉下台，没有拍手称快就已经很对得起共同的祖宗了。当然，其他诸侯没有申侯那么强烈的欲望，也没有那么坚定的立场，同时没这份胆量。

那么问题来了，为什么申侯就敢呢？一切还得从头说起。

申侯除了是周王朝的一个诸侯之外，还有一个特殊身份，他也是周幽王的老丈人。当然，周幽王生前不叫周幽王，大家都喊他天子，他也不知道自己死后会得到这么个混账的谥号。为了好区分，本文还是从周幽王这个叫法说起。

也许有人要问了，申侯既然是诸侯国中一个不怎么起眼的国家，周王朝的天子为什么要娶他的女儿？是姜氏的姑娘长得太漂亮吗？这也许是一方面的原因，但最主要的原因是，当时规定，同姓不通婚。周王朝的封国几乎都是本宗的姬姓人，少有外姓的诸侯，每一个姬姓人都是周文王、周武王的后代，等于大家祖上是一家人，违背人伦的事情当然要杜绝。申国无疑有一个很有优势的身份，他们姓姜。

申侯从一个普通诸侯变成了周天子的老丈人，应该是件无上荣耀的事情，都说丈人看女婿，越看越顺眼，那他最后为什么会干出拉女婿下台的事儿呢？这中间有一个亲疏的关系，当然，最主要的原因还是得从周幽王这个女婿说起。

大型假历史名场面："烽火戏诸侯"

大家都知道，周幽王是西周王朝的最后一位天子。变成最后一位，无疑是有很多原因的，让他背亡国的"锅"，一点也不冤枉。

周幽王不是一个合格的国君，如果给中国历代君王打分的话，能给20分算是对得起他了。

周幽王即位后的第二个年头，岐山发生了大地震，泾、渭、洛三川都震感强烈，河流也因此堵塞，大夫伯阳甫见多识广，史书看了一堆，发生这种情况，他第一个有了不好的预感，并且把这个预感大胆地说了出来。

他说："国家要完蛋了。你看，地震了，说明天地的阴阳失调了，又造成河川阻塞，水流不通，这不是亡国的预兆吗？不要说我妖言惑众，我是有证据的！以前伊、洛衰竭，夏朝完蛋了，后来河川衰竭，商朝也完蛋了，现在我大周的泾、渭、洛三川衰竭，这是上天的预示呀，我们被老天爷抛弃了。所以，我们快要完蛋了，如果要给这个完蛋加上一个倒计时，我觉得是十年！"

周幽王对这些才不予理睬，除了救灾的队伍分配下去，他依然要执行自己的大计划——广选美女。

周幽王即位初就开始在全国各地大选美女，其实他的后宫一点也不缺女人，因为按照规矩，天子一娶十二女，也就是说，周天子娶诸侯国的公主为妻，公主得有两个姐妹或是该国的同宗女作为媵妾陪嫁，另外诸侯国的同姓国家中，得有三个姜姓公主陪嫁，而每位姜姓公主都得两个姐妹或本国同宗女作为媵妾陪嫁，加起来就是十二个人了。比如说，周幽王娶了申侯的女儿姜氏公主为妻，那么，同姓诸侯中齐国、纪国、许国就得各派一位公主以及媵妾陪嫁，等于娶一个送十一个。可不知道是这些姜姓姑娘都长得不出彩，还是人心不足、贪得无厌，周幽王对此一点也不满足，除了给姜氏姑娘们该有的名分外，他就开始在全国各地选美女入宫了。

作为一个合格的末代君王，我作死挺努力的

在这一过程中，选来了一位绝世美女褒姒，这位美女不仅长得好看，性格还很酷，怎么样都逗不乐她，用现在的话来说，笑点非常高。（有的记载说是周幽王攻打褒国，褒国无奈进献美女给周幽王，这样的记载跟夏商两朝如出一辙，夏朝的"亡国"美女妹喜是夏桀征伐而得，商朝的"亡国"美女妲己也是商纣王征伐有苏氏得来，这样的说法太过千篇一律，本文采取选美的说法。）

褒姒的到来让周幽王如获至宝，他使出浑身解数想取悦这个姑娘，把后宫里的无论是姜氏还是什么氏的姑娘都抛之脑后，哪怕姜后为他生了一个太子。

周幽王一门心思扑在褒姒身上，恨不得把自己最好的都给她，大概被偏爱的都有恃无恐吧，褒姒对周幽王不感冒，总是冷冰冰的，从来不笑，即使她也为周幽王生了一个孩子伯服。

为此，周幽王绞尽了脑汁、费尽了心思。一着急，开始昏招乱出，在周幽王眼里，后宫的女人们不都是喜欢名分吗？于是，他一道旨意下去，姜后被废了，褒姒被立为王后。褒姒什么反应？没反应，笑脸也没给周幽王一个。周幽王不解了，难道是做得还不够？于是，又一道旨意下去，姜后生的太子宜臼也被废了，伯服被立为太子。褒姒高兴没有？没有，褒姒还是没有笑。

男人的征服欲望有时候来得很强烈，褒姒越是不笑，周幽王越觉得吸引自己，于是，朝野上下几乎都在办一件事：如何逗乐新王后。周幽王的总理虢石父是个挺有想法的人，可惜才能用偏了地方，如果说周幽王在一门心思逗褒姒，那么他的职责就是一门心思逗周幽王。现在，天子不开心了，也就等于他的困难来了，所以，虢石父想到了一个办法——烽火戏诸侯。

这就要说到周王朝的防卫措施了，周王朝定都镐京（今西安），四周都是他的诸侯封国，大家围在四面八方，为周王朝保驾护航。那么问题来了，大家虽然在四面八方，却始终隔着地儿，又没有手机电脑，以什么作为联络信号呢？就是烽火台。烽火台建得很高，如果周王朝有困难，只要点燃最近的烽火台，临近的诸侯看见，就点燃自己的烽火，一传十、十传百，所有的诸侯就都知道了，于是一起赶来营救天子。

所以，顾名思义，烽火戏诸侯的意思就是，根本就没有敌人入侵，可他们要点燃烽火台，把诸侯都叫来，让褒姒围观一下这种盛况。

说做就做，这天晚上，周幽王带着王后褒姒以及盛大的团队游览烽火台，坐定以后，周幽王命令虢石父点亮烽火，褒姒对这些毫不知情，茫然地看着这一切，她大概也知道，眼前这个老男人又在想方设法逗自己了，

语文老师陪你读《史记》奇葩大会

知识加油站

　　烽火戏诸侯，发生在西周末年。周幽王为博美女褒姒一笑，点燃了烽火台，诸侯们以为犬戎来犯，纷纷前来救驾。褒姒见千军万马召之即来，挥之即去，如同儿戏一般，觉得十分好玩，禁不住嫣然一笑。周幽王因而又多次点燃烽火，导致诸侯们都不相信，也就渐渐不来了。后来犬戎攻破镐京，杀死幽王。幽王的儿子周平王东迁，开始了东周时期。

　　与周幽王相关的成语有：千金一笑等。

可是她真的笑不出来。

眼看着，第一个烽火台亮了，接着第二个、第三个……一直传到视线的尽头，不一会儿，远方隐隐约约传来浩浩荡荡的声音，马匹嘶鸣、人声嘈杂。接着，有更浩浩荡荡的声音不断地传来，还隐隐约约喊着口号："援救大周，赶走外敌，保护天子！"

没多久，声音渐渐清晰了，连人影都清晰了，烽火台下站着浩浩荡荡的人群，大家各自高举着旗帜，分别有鲁国、齐国、郑国、秦国、许国、晋国、燕国等，褒姒还没搞明白情况，忽然这么多人站在台下，她不禁来了点兴趣。看着这么多人站在台下，虢总理发话了："那个，今天其实没有什么事儿，就是天子想念大家了，召集各位诸侯来看看，联络联络感情。没有什么事儿，大家散了吧！"

一个个诸侯国都是国君亲自领兵前来，结果虢石父这样说，大家都愣了，你看看我，我看看你，过了许久才弄明白，被要了。大家心里都很不爽，可是当面不好发作，于是，一个个嘀嘀咕咕、骂骂咧咧地走了。看着这个场景，褒姒忽然放声大笑，笑得丧心病狂。周幽王一看，这下乐开了花，千金难买美人笑，这大概就是最原始的例子了。褒姒的笑点果然有点高。

发现这个方法好用以后，周幽王开始动辄点个烽火戏弄戏弄诸侯，久而久之，诸侯们都知道大王在逗你玩，于是渐渐地都不来了。

愤怒的岳父

此时，有一个人知道时机来了，他一直在等这一天。这个人就是本文的男主人公申侯。消失了这么久，差点被周幽王喧宾夺主，申侯终于出场了。他一直在等周幽王闹腾,闹腾到一定的地步,尽失人心,他就要有所行动了。因为,他女儿被废了,外孙也被废了,作为一个疼爱女儿的父亲,以及一个慈爱的外公,这口气实在是难以咽下。

申侯开始了自己的计划,联络周边的缯戎和西夷犬戎一起攻打周幽王,其实他早就打算为女儿报仇了,可是他一个人的力量不够,所以,他一直忍耐到了这一天。

周幽王对此毫不知情,他仍然在和褒姒歌舞升平,过着没羞没臊的日子。犬戎和缯戎得知可以去京师抢一笔,并且有周王朝的诸侯国开城门做内应,马上就答应了要求。没多久,就打进来了,杀、烧、抢是他们的惯用伎俩,周幽王大惊失色,赶紧命人到烽火台去点燃烽火求助诸侯,可惜,为时已晚,"狼来了"的次数太多,诸侯们都不相信了,没有一个诸侯再愿意当傻瓜被骗。因此,周幽王就此魂飞魄散,被杀死在骊山脚下。至于美女褒姒嘛,被俘虏走了,美女人人都喜欢,由此可见,当时大家的审美观是比较一致的,也说明褒姒是一个360度无死角的美女。

故事到这里差不多结束了,申侯联络西戎狠狠地报复了周幽王,等诸侯发现这次烽火是真的,赶来营救的时候,周幽王已经死了,而唯一的王位继承人就是申侯的外孙——太子宜臼。太子宜臼被诸侯拥立为周天子,史称周平王。由于京师镐京被抢夺得差不多了,防范也不再稳固,周平王决定迁都洛阳。洛阳在西安的东面,因此,周平王的周朝在历史上被称为东周。

也许有人说,诸侯来援救周朝,难道不治申侯引敌入室的罪吗?没有,大家很清楚周幽王的德行,加上诸侯们多多少少都被他耍过,没有人喜欢他、尊敬他。而申侯手里又有当年名正言顺的太子，自然而然，没有人会追究他的过错。他虽然做了王朝的第一个内奸，却没有被历史钉在耻辱的柱子上，也算是千古第一幸运了。

褒姒不好笑，幽王欲其笑万方，故不笑。幽王为烽燧①大鼓，有寇至则举烽火。诸侯悉至，至而无寇，褒姒乃大笑。幽王说②之，为数举烽火。其后不信，诸侯益亦不至。

幽王以虢石父为卿，用事，国人皆怨。石父为人佞巧善谀好利，王用之。又废申后，去太子也。申侯怒，与缯、西夷犬戎攻幽王。幽王举烽火征兵，兵莫至。遂杀幽王骊山下，虏褒姒，尽取周赂③而去。于是诸侯乃即申侯而共立故幽王太子宜臼，是为平王，以奉周祀。

——《史记·周本纪第四》

注释 ①烽燧：边防预警的信号，白天放烟为烽，夜晚举火为燧。②说：通"悦"，喜悦，高兴。③赂：财物。

|原|文|品|读|

　　褒姒不爱笑，幽王想尽各种办法逗她笑，可她还是不笑。幽王在各地设有烽燧和大鼓，有敌人进犯时就点起烽火。有一次幽王点燃烽火，诸侯们都赶了过来却没看见敌人，褒姒因此大笑。幽王很高兴，就为褒姒多次点燃烽火。后来诸侯都不相信幽王，看到烽火也不来了。

　　幽王任命虢石父为卿，管理国政，国人都有怨言。虢石父为人巧言令色，擅长阿谀，贪图财利，幽王却重用他。幽王废黜了申后，赶走了太子。申侯很生气，联合缯国、西夷的犬戎攻打幽王。幽王点燃烽火召集诸侯的军队，军队都没有赶来。于是他们在骊山下把幽王杀死了，掳走褒姒，把周朝的财物洗劫一空才离开。于是诸侯都到申侯那里，并且共同拥立幽王以前的太子宜臼为天子，这就是平王，由他来继承周朝的祭祀。

打仗还是打游戏（上）

课前读史三分钟

春秋时期的战争中，经常发生一些让人意想不到的"神"操作，让人大跌眼镜，甚至怀疑，战争这种流血死人的事情，怎么到贵族那儿，怎么就成了游戏一样呢？春秋时期，晋国、楚国实力相当，其他小国只能跟风站队。只是苦了夹在中间的郑国，只能做一棵墙头草，哪位"大哥"拳头硬，就摆向谁。这就成了晋、楚两国矛盾的导火索，争霸的路上，一个小弟也不能掉队呀！不过，无论楚国还是晋国，都分为主战和主和两派，大家从自己的利益出发，争论不休，那这场争霸之战能打得起来？又发生了哪些让人啼笑皆非的奇葩事件呢？

猫鼠"游戏"

整个春秋中期，基本的国际动向是晋楚争霸，其他一堆配角和不配拥有姓名的小国，只能擦亮眼睛纷纷站队。然而，有些国家好站队；有些国家，因为祖先眼光不长远，没选好地盘，夹在晋楚两个大国之间，谁来抢就只能跟着谁，比如郑国。晋楚两个超级大国早就摸清了石头才过河——基本不愿双方发生正面战争，都采取打对方小弟的模式争霸，郑国就在这中间受尽了"夹板气"，随时都得笑脸相迎，伺候好谁都得挨揍，伺候不好更得挨揍。

不过，所谓上有政策，下有对策，郑国知道自己在晋、楚两国之间的作用，于是也摸索出了一套应对的方法——谁来欺负自己就向谁投降，让晋、楚两军频繁地出动军队，劳民伤财。郑国的这招上上策，可以算在夹缝中生存的小国的绝妙应对方法。

可是，晋楚这两只大猫却不知道，时代变了。如今老鼠成精了，也敢调戏猫了。所以，他们还是保持固定的争霸模式。鲁宣公十一年春天，郑国跟楚国闹了矛盾，马上投入晋国的怀抱，楚国就派兵进攻郑国。

楚国派出的阵容是——总指挥：楚庄王；中军帅：沈尹；左军帅：子重；右军帅：子反。

如果放在以前，郑国早就当场吓傻，但是现在，楚国人的把戏他们早就摸透了。当楚军到达栎地（今河南省禹州市），郑国的执政卿士子良马上下达了最高命令——投降，欢迎楚国三军来郑国做客。

楚国人出兵的目的就是收服郑国，见目的达成，见好就收，马上接受了投降。接下来的仪式就是收小弟的最后一步——结盟。这种各怀鬼胎的结盟，基本是逢场作戏，所以，这边结盟完，郑国马上又去找晋国解释，表达了自己身在江湖的不得已，并表示他们内心还是只承认中原诸侯晋国是大哥的。

投降还是硬刚？这是个问题

第二年春天，楚国听说郑国又暗地奉晋国为盟主，再次发兵围困郑国。这次，郑国想正面硬刚一次，坚决不投降，反正，楚国人的心思和战略目的他们很清楚，事情根本闹不大。结果，楚国这次下定决心要攻破郑国，一连围困了十七天。郑国内部急成了一团，有人建议找晋国帮忙，马上就被否决了，首先，郑国撑不到晋国的援军赶到。其次，晋国不一定愿意来救，这样势必会造成双方正面作战。于是，郑国就只有一条路了——投降。

可是，每次都只能下跪投降，郑襄公觉得很窝囊，他想站着争取一把，于是弱弱地跟大家说，要不，我们抛枚硬币决定到底投降还是抗拒到底吧？

占卜的结果出来了，郑襄公一人欢喜，郑国全国都很忧愁，郑襄公提议去太庙再抛一次硬币，测一测决一死战的吉凶。

结果还是大吉大利，郑国人都惊呆了，大家都知道郑国与楚国的实力相差悬殊，如果真的硬碰硬，就是送羊肉入虎口，有去无回啊！这大吉大利到底从哪里来？

领导的态度迅速传遍了国都，所有人听到消息都忍不住哭了，女人哭丈夫、哭孩子、哭自己，男人哭自己、哭老婆、哭孩子，大的哭小的，老的哭少的，都认为自己这次死定了。

不远处的楚军听说郑国人都在哭,心想,是不是自己逼得太紧,让他们没有喘息的机会,要不,退后一点好了。

楚国撤军的消息以最快的速度在郑国传开,最得意的是郑襄公,他认为是自己誓死不降、决一死战的气势吓走了楚国。于是,郑襄公紧急召集举国劳动力一起修筑城池,谨防楚国再来围困攻城。

楚国这边,楚庄王率领军队退了几十里,回头再派人去打探郑国的消息,一是看郑国到底是什么情况,二要打探晋国有没有来救。按推测,战争已经持续了这么久,要来救早该到了。探子说,晋国援兵没来,郑国反而在修城,气得楚庄王当即杀个回马枪,再次把军队推至郑国城外。

郑襄公无奈,这才偷偷派人去找晋国求救。晋国这会儿的中军元帅是荀林父,荀林父对和楚国直接交战心里没底,于是安抚使者先回家,说晋国三军随后出发援救郑国同盟兼同胞。

可惜,郑国如盼甘霖一样盼望晋军到来,晋国却一天一天让他们陷入绝望,结果一个月、两个月、三个月……晋军的影子都没看见,郑伯没办法,只能把衣服一脱,裸身进入楚庄王阵营,表示投降。这种裸奔在古代称之为"肉袒"。

仗是不可能打的,这辈子都不想打仗

郑国基本脱离险境了,晋国才姗姗来迟。为了维护自己中原霸主的名声,晋国人估算着郑国应该和楚国重归于好,于是三军出发,慢悠悠地来到了战场。听说郑国已经和楚国签订了若干不平等条约,荀林父当场决定:仗都打完了,回家呗。过段时间再出兵教训郑国投靠楚国。

知识加油站 公元前597年，楚庄王率军攻打郑国，占领郑国的首都，郑襄公赤裸上身，牵着羊向楚庄王跪地求和，答应把郑国土地划给楚国，郑人做楚人的奴隶，只恳求给一块不毛之地度过余生。楚庄王见郑襄公真诚悔过，就答应了他的求和请求。成语"肉袒牵羊"出自《左传·宣公十二年》，是古代战败投降的一种仪式。

与楚国和晋国相关的成语有：退避三舍、刚愎自用、多难兴邦等。

● 小事件大历史

但是，有人不同意回去。"这就跑了？晋国之所以当了那么多年诸侯中的霸主，那是因为咱拳头硬，现在我们中原的小弟都把楚国叫大哥了，你们却准备回家，哪还有点霸主的气势？我不管，如果因为我们而把咱晋国霸主的名号丢了，还不如去死呢！听到敌人强大就想跑？这说的什么话？"说话的人是中军佐先縠（gǔ），也就是荀林父中军的副将。骂完以后，先縠也不管谁才是三军的元帅，带着自己中军里的部分队伍渡黄河去了。

晋军很尴尬，大家是一起出来的，而先縠小股部队肯定是打不赢楚军的，到时候如果战败，各位小弟那得到的消息只会是"晋国败给了楚国"，没人会在意细节，于是，晋国三军一边骂骂咧咧，一边艰难地做了一个决定——跟上先縠，做出跟楚国叫板的姿态。

与此同时，楚庄王带着楚国三军驻扎在黄河边上，决定让马儿休息好就全军撤回楚国。可还没等大家休息够，前方就传来消息，说晋军渡过黄河了。楚庄王不免有点紧张，出兵之前不过是想挑衅一下晋国，万万没想到他们真的会来。而且，楚国的令尹孙叔敖直接表达了意见：不打。

"咱跑啥呢？出来不就是为了打仗，不就是为了与晋国一争高下吗？"说话的是楚庄王的宠臣伍参。原来，不仅晋国三军分成了主战派与主和派，楚国军中也有这种分化。

令尹孙叔敖大怒，忍不住破口大骂："如果我们打不赢晋国，造成死伤无数，你伍参负责吗？到时候楚国的妇女们找我们要丈夫，我们把你煮了吃有用吗？"

伍参没打算与令尹对骂，只是不卑不亢地说："如果我们楚国能打赢，你却说我们打不赢，这就是令尹你没有战争谋略；如果我们真的不幸失败，届时我伍参早就被晋国人剥皮抽筋，哪里还轮得到你们吃？"

孙叔敖气得直跺脚，打算跟晋国的先縠一样我行我素，只不过，他是要率领自己的队伍先回家。伍参心中大叫不好，万一孙叔敖真的走了，即使最后没走成，军队的士气经此一闹也会直线低落，于是，伍参连忙转头说服楚庄王，最有力的一句是，晋国来的不过是个中军元帅，我们来的可是楚王，如果大王碰到他们的臣子都躲避，传出去在江湖上不好听吧？

一语惊醒梦中人，楚庄王当即下令孙叔敖将马头掉转回来，楚国全军驻扎在营地，等候晋军来到，一决雌雄。

晋军这边跟先縠会合以后也很热闹，军队里同样分为主战派和主和派，栾书、士会等人都认为不应该打，先縠和赵氏兄弟都觉得应该教训楚国，中军帅荀林父一声不吭，因为他也拿不定主意。于是，双方争吵得很激烈，有几位脾气差的差点要打起来，幸好都被拦住了。

正当晋国吵得热闹的时候，郑国来人了。

郑国人很紧张，他们知道这场一触即发的战争是由自己而起，而自己这种小国只能夹在两个大国之间受尽屈辱，为了结束这种墙头草的局面，郑国想给双方都火上添点油，逼他们开战，届时再选胜利的一方追随。

郑国的使者是皇戌，皇戌来到晋国军中，首先向晋国三军元帅问好，然后阐述郑国与楚国结盟的无奈原因，接着开始忽悠晋国人："各位元帅，你们不要再犹豫了！楚国在我们这些小国里练兵，每次都轻松得胜，他们已经骄傲得目中无人了。所谓骄兵必败，晋国此时去打他们，我们郑国就在后方袭击，让楚国人也尝尝两面夹击，当汉堡包的滋味啊！"

皇戌的到来使得晋国三军各自心事重重,主战派都很开心,主和派则都很忧心。双方又经过了五千字的争论,还是没吵出个结果。

这场战争真的能打起来吗?详情见下一篇《打仗还是打游戏(中)》。

历史面对面

三年,楚庄王围郑,郑告急晋。晋使荀林父将中军,随会将上军,赵朔将下军,郤克、栾书、先縠、韩厥、巩朔佐之。六月,至河①。闻楚已服郑,郑伯肉袒②与盟而去,荀林父欲还。先縠曰:"凡来救郑,不至不可,将率③离心。"卒度④河。

——《史记·晋世家第九》

注释 ①河:黄河。②肉袒:赤裸上身。③率:同"帅",军队中的指挥官。④度:同"渡",渡过。

|原|文|品|读|

三年(前597年),楚庄王包围了郑国,郑国向晋国告急,晋国派荀林父率领中军,随会率领上军,赵朔率领下军,郤克、栾书、先縠、韩厥、巩朔辅佐这三人。六月,晋军来到黄河边。听说楚军已经把郑国降服了,郑伯赤裸上身投降,并与他签订盟约后才撤兵,荀林父想要班师回朝。先縠说:"大家都是来救援郑国的,没有到达郑国是不可以回去的,否则将帅间会离心离德。"晋军最终渡过了黄河。

打仗还是打游戏（中）

课前读史三分钟

春秋时期，喜欢打仗的人不在少数，比如本文中的楚国大将乐伯、晋国的魏锜和赵旃，他们心怀鬼胎，把个人利益置于国家、百姓利益之前，唯恐晋楚两国打不起来。不过，在这场著名的"邲之战"中，发生了很多奇葩事件。比如寻衅滋事的乐伯眼看就要被晋军活捉，献上一只麋鹿，就能化解危机。而同样献鹿的方法，也救了魏锜一命。还有，明明是危机四伏的战场上，楚军还帮晋军出主意、修战车，面对如此友好的楚国人，晋国人还不忘嘲讽一波："你们逃跑可真有一套！"阅读本文，你就会知道这些让人忍俊不禁的"名场面"究竟是怎么回事了。

战场上的射击"游戏"

书接上回,晋国还在争吵要不要打的时候,楚国已经完全做好战斗的准备了。楚庄王决定先虚晃一招,派人到晋军中表达和平理念,说和郑国的矛盾都解决了,怎么敢劳烦晋国呢?晋国人一听,这敢情好,握握手好朋友嘛,打仗多不友好。

眼看着到这里,战争完全打不起来。但,楚国的和平使者前脚才出晋军大营,后脚马上就有人寻衅闹事——楚国大将乐伯让许伯给自己开车,摄叔为车右,单枪匹马跑去找晋国单挑。三个人私底下商量了一个战略方针,三四个来回,胖揍了晋国士兵一顿,打得晋国驻边将士鲍癸心里气极,二话不说,左右两面出动,夹击乐伯三人。乐伯也是没有金刚钻,不揽瓷器活,既然敢单车匹马来挑战,就有把握全身而退,只见他张弓搭箭,左右开弓,左边射马,右边射人,晋军左右两翼完全不能靠近他们。然而,正当乐伯得意之际,许伯脸色不好地说:"箭,箭没了,就剩一支了……"

乐伯大惊失色,眼看着自己就要被晋军活捉,忽然眼前一亮,救苦救难的和平使者出现了——一只麋鹿。

乐伯用最后一支箭射中了麋鹿,派摄叔拿去交给在后面追赶的鲍癸。摄叔恭恭敬敬地说:"将军你好,现在季节不到,很多禽兽都没出来,我们将军叫我将这只麋鹿敬献给你们,你们远道而来,改善改善伙食吧!"鲍癸见乐伯善于骑射,辞令十分客气,既然楚国人服软,也就接受了麋鹿,下令部下不再追击。就这样,一只麋鹿解决了这次单挑危机。

看到这里很多人就不懂了,这是打仗啊兄弟,咋这么轻松就不打了?

咱一会儿再说。

小小的骚动并没有影响晋国元帅接受和平的决心，中军元帅荀林父的意思还是不打，赶紧结盟，主战派的先縠和赵括等认为必须打。而有的人则认为，你们不打也得打，并且要你们输。

晋国有一个叫魏锜的人想做公族大夫，但是没有做成，于是出于报复，魏锜一心要让战争打起来，并且还要让晋国打败仗。刚抵达目的地的时候，魏锜就提出自己单车前去挑战楚国，以此激怒楚军，荀林父等人不同意。此时，魏锜又一次计上心头，提出让自己出使楚国，当作楚国使者求和的回礼。这次，荀林父没有理由再拒绝，勉强答应了。

魏锜拿着礼品高高兴兴地走了，心里想了一万种激怒楚国人的方法。魏锜来到楚军营地后，完全不提和平结盟的事，并声称自己代表晋国，要与楚国决一死战，如此嚣张的态度气得楚国大将潘党忍不住驾上马车去揍他。魏锜见状，爬上车子"拔腿就跑"，跑到荥泽已经累得上气不接下气，忽然战争中的和平使者麋鹿又出现了，而且这次是六只。魏锜连忙张弓搭箭射死了一只，献给潘党，说："您有军务在身，打猎的人恐怕不能供给新鲜的野兽吧？这只麋鹿献给你们，改善改善伙食吧！"潘党考虑到晋楚"结盟"的大局，接受了礼物，不好继续追赶，魏锜便躲过了一劫。

为什么春秋时期两军交战时都不努力抓俘虏，对方送上一只麋鹿就没事了呢？抓获敌方将军，不是大功一件吗？春秋时期的做法，一切都有说法、有礼法可依。根据《论衡·乱龙》载："天子射熊，诸侯射麋，卿大夫射虎豹，士射鹿豕，示服猛也。"也就是说，麋是诸侯级别才能享用的猎物，敌方将一个诸侯级别才能享用的物品敬献给你，顺便向你服软，承认你的勇猛,这已经足够让人握手言和了,因为,穷追到底不一定有把握战胜对方。再者,鹿自古以来都是帝王的代表,逐鹿中原、逐鹿天下等词语就从这里演绎而成——拥有鹿的,是帝王,能有资格逐鹿的,都是天下英雄和霸主。

这样都打不起来,那么,这场战争到底是怎么被挑起来的?

"跑得快"的发明者

赵氏家族另一支脉中的赵旃(zhān)也想做晋国的卿,但卿的位置坑少萝卜多,论资排辈轮不上他。于是,赵旃最先想到的也是前去挑战楚国,他同样希望战争赶紧打起来,并且,要让晋国失败。

赵旃以魏锜同样的理由来到了楚国军营中,在大营外,赵旃铺开席子坐着,一副谁也看不起的姿态,接着派手下的人进去挑衅,楚庄王本是个好脾气,此时此刻也被气得暴跳如雷,赵旃说完还没走远,不等战车准备好,楚王就忍不住自己驾着车子追出来了,要亲手杀死赵旃。

有了赵旃这样的挑衅大王,战争很快就要打起来了。

其实,晋国军中知道赵旃和魏锜的目的,大家都心知肚明派他们两人去做使者的后果,于是,赵氏兄弟中最小的赵婴齐二话不说,带着自己的部分军队跑到黄河边占着船只,只要一有晋军战败的消息传来,他们的部队就第一时间全面撤退。

此时的情况是这样的:楚庄王追着赵旃,赵旃拼命逃跑,晋国人看见后都去营救赵旃,而楚国人都跑去保护楚庄王,于是,磕磕碰碰中战争真的开始了,有点好笑,更让人有点措手不及。楚国令尹孙叔敖见状当机立断,命令三军前进出击,宁可自己靠近敌人,也不能让敌人逼近自己,于是,楚国战车奔驰,步兵奔跑,瞬间将部分晋军围困起来,晋国本来就没打算打仗,中军和下军不由得四散溃败,乱成了一团。只有上军早有准备,损失最少。

其他阵营中,赵婴齐得知战争打起来的消息后,以迅雷不及掩耳之势带着自己的部队率先渡河逃跑。主帅荀林父看见军队乱作一团,生怕再待下去会死伤更多,马上派人击鼓大声广播:"大家快跑,快渡河回家,跑得快的人有奖!"三军统帅都叫大家跑了,哪里还有人肯卖命?于是,大家一哄而上,都往黄河岸边跑。

到了黄河岸边才发现,原来中军跟下军都在逃跑,而船只被赵婴齐弄走了一批,现在已所剩不多。此时此刻,中军和下军也顾不上是不是一国同胞了,彼此都抢着上船,场面十分激烈。先上船的人准备走,后面的人都用手拉着船不让走。紧急时刻,船上的人也顾不了那么多,抓着船不让走,大家都跑不了,不是同归于尽吗?于是,船上的人不约而同地做出了一个举措——剁手!船上的人拿着刀一顿乱剁,扒着船的手全部断了,可就算是这样,后面逃命的人还是蜂拥而至,拉着船不让走,跟剁手比起来,毕竟保命更要紧。最后的结果是,船里到处都是断掉的手指头。

这样打仗,你们是认真的吗?

这是黄河岸边的情形,其他战场上也到处都是晋国中军和下军的逃兵,于是,发生了相当有趣的一幕——晋国人在前面跑,楚国人在后面追,跑着跑着,晋国人的战车忽然不小心掉到坑里去了,怎么都上不来,眼看着楚国的追兵很快就要追上，司机吓得满头大汗。

果然，不一会儿楚国的追兵就赶到了，按理说，此时楚军应该赶紧下车去抓晋国的俘虏才符合逻辑，可是，如果事情按照常理发展，这和普通战争就没区别了。楚国追击的人看见晋国士兵的马车陷在坑里出不来，竟然一个个跳下车去检查情况，一边发出技术性的教导："你这样驾车不行，这样车子出不来。"晋国人愣了，没想明白这是咋回事。楚国人继续说："我看，你们得把车前面横着的那根木头抽出来，车子才可以开出坑呢！"

死马当活马医，晋国人照做，果然车子出来了。楚国人露出救世主般的微笑，晋国人二话不说驾起马车就跑，生怕跑得慢了楚国人反应过来又要抓他们。结果，跑出去没多远，马车又出故障了，这会儿不是掉进坑里，而是马车根本不再往前面跑，而是原地打转。

楚国人在不远处看见这一幕，又追了上来，帮忙看了看战车："兄弟，你们把那面大旗拔掉，再将车辕头上的横木丢了，这样车子才能走。"

有了上一次的经历，晋国人又照办了，果然，车子正常向前跑了。和上次一样，车子正常以后，晋国人驾上马车又跑了，不过，这次他们边跑边掉过头说了一句话："吾不如大国之数奔也。"还是你们逃跑有经验啊，知道逃跑的路数，知道怎么对付战车遇到的各种艰险。我们晋国不如你们啊，你们是逃跑中的冠军！

晋国人逃走以后，楚国人是什么反应，史书中没有记载。不过话说回来，楚国其实比较强硬，前期打的都是胜仗，就算失败也会拼死打到底，很少逃跑，所以，狡猾的晋国人说话还真是气死人不偿命。

另一边，赵旃低估了自己招人厌的程度，因为，他已经跑了很久，而每次回头看，不是楚庄王亲自驾着马车在追赶他，就是楚国的士兵对他紧追不舍，只好加紧逃命。跑出一阵后，赵旃忽然看见自己的哥哥和叔叔也在逃跑，不仅丢盔弃甲，战车也丢了，此时此刻，赵旃又想展现一番家族亲情，于是招呼哥哥和叔叔上了自己的战车，自己则在战乱中找了一辆被丢在一边又不至报废的战车驾驶。跑出一段后，仍然甩不掉后面的楚军，赵旃只好把车子丢了，跑进树林。如此一来，追击的战车要进入树林怎么也要花费一些时间。赵旃在树林里奔跑，忽然看见前面逢大夫驾着车也在逃跑，赵旃赶紧向逢大夫呼救，然而，逢大夫头也不回，继续赶马车。

逢大夫不是没听见赵旃的呼声，而是，他的马车满员了——车上还载着自己两个年轻的儿子。于是，逢大夫装作没听见，顺便叮嘱儿子别回头。可好奇害死猫，两个儿子听爹这么一说，本能地回过头去看，还跟逢大夫说："赵老头在后面。"

逢大夫气得一口血吐儿子脸上，不回头。自己可以装作没听见，可儿子们已经回头了，还怎么充耳不闻？何况，按照等级，赵旃还是他的上司。于是，逢大夫恼怒地对两个儿子说："你们下去，让他上来，明天我在这里给你们收尸。"逢大夫指着旁边的树，把两个儿子赶下了车。第二天，果然在原地找到了儿子的尸体，赵旃倒是躲过了一劫。

另一边战场，楚国的大将熊负羁活捉了下军大夫荀首的儿子荀罃（yīng），也就是荀林父的亲侄子，荀首急成了热锅上的蚂蚁，也顾不上大局，带着自己的部队就赶去救援儿子。战斗好几个轮回后，双方比起了射箭本领，荀首连发数箭，射中了两个重要的人，终于扳回了一点谈判资本。这两人中，其中一个公子谷臣是楚庄王的儿子，以大王的儿子换自己的儿子，这筹码应该够了。

这场看似"闹剧"一般的战争，最后落脚地是邲（bì）地，也就是历史上著名的"邲之战"。这场战争的结果如何？又对春秋争霸的局面产生了怎样的影响呢？让我们一起来看《打仗还是打游戏（下）》。

历史面对面

楚已服①郑，欲饮马于河为名②而去。楚与晋军大战。郑新附楚，畏之，反助楚攻晋。晋军败，走河，争度，船中人指③甚众。

——《史记·晋世家第九》

注释 ①服：降服。②名：威名。③指：手指。

原文品读

楚国已经降服了郑国，本想在黄河饮马以显示自己的威名，之后再撤军返回。结果，楚军与晋军发生了激烈的交战。郑国刚刚依附楚国，十分害怕楚国，反而帮助楚国攻打晋国。晋军战败，逃到了黄河边，士兵们为了逃命争抢着要渡河，以至于船中有很多被砍掉的手指。

打仗还是打游戏（下）

课前读史三分钟

春秋时期，晋楚争霸期间共进行了三次较大规模的正面交锋，分别是城濮之战、邲之战以及鄢陵之战。前两次战役各有胜负，城濮之战楚国虽然战败，但楚国并非全军出动，只有楚成王的西广、东宫及子玉的六卒人马，损失并不太大；邲之战中，晋国除了上军，其余两军皆败，无论晋国内部还是国际效应来说，晋国都损失较重。作为老牌"霸主"，晋国及时调整策略，先后"征服"了齐国、楚国、秦国等，重登"霸主"宝座。不过，晋楚之间仍旧摩擦不断，看似在打仗，实则跟闹着玩一样，只是苦了在当中受夹板气的郑国。

打仗还是打酱油

书接上文,邲之战后国际形势有了细微的变化,郑国和齐国首先以各种形式宣布不再一味遵从晋国的命令,与晋国结有世仇的秦国更是时刻准备报复。于是,晋国的策略变成了先服诸侯,再与楚国争霸。

值此尴尬局势,晋国的策略尤为高明,采取各个击破的方法将齐、楚、秦三国联盟打破。首先,公元前589年,晋国与齐国在鞌(ān)地作战,齐国大败,楚国的救援不及时,晋国重树威信;其次,公元前579年,晋国主动与楚国握手言和,双方邀约诸侯各国在宋国举行弭兵之会,秦楚联盟破裂;最后,公元前578年,晋国与秦国在麻隧发生战争,重挫秦国,前一年在弭兵大会上与晋国结盟的楚国未曾出兵援救,自此,晋国的霸主地位再次被巩固,如晋国士燮所言:"今三强服矣,敌,楚而已。"现在,敌人就只有楚国了。

此时,郑国这个"工具人"又一次变成了楚国与晋国交战的导火线。

晋楚争霸之际,郑国之所以成为两国极度重视和争夺的国家,一方面,郑国可以作为晋楚两国正面交锋的缓和点;另一方面,楚国想要北上进入中原,势必要经过郑国,也就是说,郑国是楚国与中原国家的交通枢纽。而晋国为了遏制楚国北上,势必要拉拢郑国,拦住楚国的道路。由于这些原因,晋楚双方都不愿意灭亡郑国,让两国正面相遇。因此,争夺郑国的归属权,是晋楚双方争霸中不约而同、心照不宣的策略。

这次,同样是郑国被楚国指挥着去招惹晋国的小弟,晋国商量着要来揍郑国。说是攻打郑国,其实,小小的郑国完全不配晋国如此重视,哪用得着商量？关键是攻打郑国，势必要与郑国背后的楚国交手，于是，晋国内部又一次分成了主战和主和两派。这个过程，又是一段主战派和主和派的互相骂战，虽然很精彩，但前序和中间过程依然很长，此处省略五千字。

战争还是要来的。晋厉公亲自统率晋国四军出动，由栾书为中军元帅，士燮辅佐；郤锜为上军元帅，荀偃辅佐；韩厥为下军元帅，下军佐荀䓨留守晋国；郤犨（chōu）为新军元帅，郤至辅佐。

出发之前，新军元帅郤犨前往卫国和齐国，请求两国出兵协助，栾书之子栾黡（yǎn）前往鲁国乞师，于是，晋国三军首先向郑国挺进，齐国、鲁国、宋国、卫国陆续安排发兵。

郑国得知消息，派遣使者及姚句耳向楚国求救，楚国倒没有主战和主和两派分歧，楚共王亲自率领三军援救郑国，以令尹子重率领左军、左尹子革率领右军、司马子反率领中军，另有扈从小国若干，奔赴郑国。

五月初，晋国三军渡过了黄河，楚国历来讲究兵贵神速，虽然发兵比晋国晚，却比晋国早一步到达了郑国境内。

大概由于邲之战的教训，士燮仍不想与楚国正面遭遇，以种种理由请求退军回国，栾书不听，没办法，士燮只好硬着头皮继续前进。六月，晋、楚两军在郑国境内的鄢陵（今河南省许昌市鄢陵县一带）相遇。

闹着玩一下，你以为真打啊

接着，这场战争就变成了游戏一样。首先是晋楚两国各自的"卖国贼"的战场——伯州犁（晋国伯宗的儿子，伯宗被冤杀）和苗贲皇（楚国斗越椒的儿子，斗越椒被楚庄王除掉）搞了一段著名的军前出卖祖国情报的演讲。然后，开战没多久，楚共王被晋国的射箭高手吕锜射成了独眼龙，楚共王这才想起来自己大楚也有神射手啊——养由基和潘党，赶紧召过来，分了两支箭给养由基，替自己报仇。然而，开战前，养由基和潘党玩射箭的时候，楚共王还曾经很生气地骂他们，就知道射箭玩。

另一边，郑国军队战败，韩厥正在追郑成公。说是追击，其实韩厥只是想赶跑郑军。韩厥的司机杜溷（hùn）罗发现郑成公的司机很紧张，连连回头查看追击的晋军，心思完全不在驾车上，只要自己加快速度，一定能追上郑成公，于是向韩厥请求追上他们。韩厥心想，追上能怎么样呢？又不能俘虏郑成公，作为外臣，羞辱他国国君实在是不合乎礼，于是就停止了追赶，转向其他战场。

过了一会儿，郤至的战车与郑成公相遇，车右茀（fú）翰胡也提议由轻车从小路迎击郑成公，两面夹击把他抓了。郤至连忙拒绝，伤害国君是要遭受刑罚的，作为外国的下臣，没有资格俘虏诸侯，也不追了。

这决定让人不禁震惊，难道，刚才他们就是追着玩玩？

其他战场，也跟闹着玩一样。栾鍼（zhēn）曾到楚国出使，和楚国的子重见面并会谈过，两人背地里有点互相欣赏，因此，在战场上碰到后，两人不仅没打，还互相送酒致敬。晋国的郤至也几次遇到楚共王的战车，不仅没想去围攻，反而每次都脱帽下车，低着头赶紧走过去，就当没看见似的。这就是两个霸主国之间的战争？简直是儿戏嘛！

其实这个问题不难想明白，晋国内部当时实在太乱了，这也就是晋国上军帅士燮坚决不肯开战的原因。

士燮反战的理由是：当今天下的局势，齐国在鞌之战中被整惨了，秦国在麻隧之战中被打趴下了，狄人也被我们干怕了，现在只剩下一个楚国是我们的敌人。按照晋国历来的内部环境来看，我们必须留一个强大的敌人，时时警醒我们一致对外，否则，把敌人都消灭了，晋国人就会把眼光收回来，专门搞内部权力斗争。

士燮看到了晋国内部正在酝酿一场大祸——晋国的三郤跋扈，晋厉公和底下的宠臣早就谋划消灭郤家，届时，晋国六卿必定再一次瓜分郤家，像上次灭赵氏一样，几大家族重新洗牌……而这，必定是一场大流血事件。

老滑头韩厥也感觉到了隐隐的危机，他曾亲眼见到晋景公时期，赵盾这一支赵氏被灭族，而前面被灭、被驱逐出晋国的，还有先氏、狐氏等，难保自己韩家不会有下场惨烈的一天，即使轮不到韩氏，现在，三郤这么跋扈，将来乱起来，谁能预料局势会怎样？他必须为自己留一条后路。

可惜晋国大部分人没有士燮和韩厥的长远眼光，只想继续争霸。

三郤之中，郤至是最聪明的一位，鄢陵之战前夕，晋国内部对三郤的不满已经比较明显了，他必须放过其他国家的最高领导人，好给自己或者说给整个郤家留一条后路。

他们的这条后路，即是当时的国际规则——各国都必须敞开怀抱接收外国逃亡过来政治避难的人，并且根据他原始祖国的大小，以及在祖国的地位，给予封官封地。换句话说，郤至和韩厥已经预料到了战争之后的事态发展，当然不敢去抓别国领导，说不定，到时还得求他们收留呢……

后来，这场鄢陵之战，以晋国胜出。于是没多久，晋国就发生了大乱子，三郤被灭，甚至，晋厉公都被杀死，整个晋国陷入混乱状态，又一次验证了士燮的预言，以及韩厥、郤至他们的顾虑。

历史面对面

六年春，郑倍晋与楚盟，晋怒。栾书曰："不可以当吾世而失诸侯。"乃发兵。厉公自将，五月度河。闻楚兵来救，范文子请公欲还。郤至曰："发兵诛逆，见强辟之，无以令诸侯。"遂与战。癸巳，射中楚共王目，楚兵败于鄢陵。子反收余兵，拊循①欲复战，晋患之。共王召子反，其侍者竖阳榖进酒，子反醉，不能见。王怒，让②子反，子反死。王遂引③兵归。

——《史记·晋世家第九》

注释：①拊循：慰问，鼓励。②让：斥责。③引：带领。

原文品读

六年（前575年）春季，郑国背弃晋国与楚国订立了盟约，晋厉公大怒。栾书说："不可以在我们管理国家时失去诸侯。"于是晋国派兵讨伐郑国。厉公亲自率领军队，五月时渡过黄河。听说楚军前来援救郑国，范文子请求晋厉公退兵。郤至说："率军攻打叛逆者，遇到强敌就躲开，以后将无法再向诸侯发号施令。"于是，晋军与楚军交战。癸巳日，晋军用箭射伤了楚共王的眼睛，楚军在鄢陵战败。子反收集残兵败将，加以安抚后，想要与晋国再次交战，晋国为此十分忧虑。楚共王召见子反，侍从榖阳竖（《史记》疑笔误，这里以《左转》和《国语》为准）向子反进酒，子反喝醉了，没去拜见楚共王。楚共王十分生气，斥责子反，子反自杀身亡了。楚共王于是带领军队返回楚国。

宁可得罪领导，也别得罪司机

历史上存在很多因为人物性格影响历史进程的事件，羊斟和华元就因本文中涉及的这场战争留名千古。一个车夫，一个主帅，由于一顿羊肉耽误了国家大事。羊斟的举动当然不可取——居然拿国家利益负气，见小利而忘大义，把一顿羊肉看得比一个国家的安危都重要。他成了公报私仇、以私害公的小人典范；但作为主帅华元的行为同样使人心寒——他作为一个领导者，没有做到公平公正，对一个地位低微的人没有涓滴体恤之心，对他的权益诉求充耳不闻，他为人的淡漠无情也让人气愤不已。一起来阅读本文，想想华元之失给管理者怎样的警示。

司机不高兴，后果很严重

看本文前，先做道选择题。

在先秦这个以车战为主的时代，一辆战车通常只有三位乘客，分别是车左、车右、司机，问题来了，谁是其中的 C 位呢？想不到吧，是司机！

战车上的站序是这样的，左边是领导的位置，右边是武士的位置，中间的 C 位留给司机开车。《礼记》里说："军尚左，卒尚右。"就是将军以左边为尊，士兵以右为荣的意思。作战时，车左负责远距离射击，车右负责近距离搏斗，司机作为掌握这辆战车命脉的人，要担负的就多了。他既要在冲锋陷阵的时候带领车上的人往合适的地方冲，遇到敌人溃败时能精准追击，万一作战不顺利，还要负责全车人员的安全问题。一个驾驶技术高超的司机，在逃跑时能把车开飞起来，完美躲过追击。可想而知司机的重要性。

在当时，士人学习的六艺中的"御"，就是战车驾驶技术，所以说，那会儿的司机基本都是贵族身份，属于既懂高科技，也有脾气的群体，一般人可不敢得罪他们。这个朴素的道理，宋国的总理华元就不懂。

宋国地理位置靠近楚国，又亲近晋国，在晋楚争霸的大局势下，经常是被楚国捏的软柿子。这不，楚国又忍不住要戳一戳宋国了，这次，他使的是老乡老乡背后一枪的模式，命令河南的郑国（今新郑）去打宋国（今商丘）。郑国接受任务，派了公子归生率领军队到达宋国边境。宋国内部紧急调动，华元为主帅，大夫乐吕为副将，反击郑国的侵略。

开战前夕，华元杀了一些羊准备宴请战士，希望大家吃饱好有力气跟敌人拼命。羊在烤，舞在跳，气氛很热闹。不久，羊烤好了，华元命人分发下去，不知道是发饭的人贪污还是忘了，其他人都幸福地拿着羊肉串的时候，偏偏华元的司机羊斟两手空空。所谓"士可杀不可辱"，羊斟觉得没面子极了，而且认定了华元是故意针对自己，这两天一直耿耿于怀。司机不开心了，后果很严重。

第三天，宋郑双方约战完毕，准备正面硬刚，结果宋国部队还没准备好，老司机羊斟忽然挥起鞭子用力地抽打前面的马，马一吃痛，立即加速狂奔，一直往对面郑国阵营冲。华元惊恐不已，大叫："停车，快停车！"

奈何羊斟根本不理，碎碎念地说：哼！前天那只羊是你做主，今天这匹马我做主！"畴昔之羊，子为政，今日之事，我为政。"（《左传·宣公二年》）划重点，成语"各自为政"出自这里。

到快要进入郑国军营的地方，羊斟跳车逃走，把华元送给了郑国。郑国人一脸蒙，看着近在眼前的华总理，让人摸不着头脑，这难道就是传说中的送人头？既然人都来了，那就留下吧。就这样，华元被俘虏了。

宋国整体的战况呢？由于羊斟没和任何人打招呼，作为主帅的华元也没来得及指挥大家的行动，副帅乐吕被杀，宋国士兵完全混乱了，本来战斗力就很一般的他们损失惨重。郑国方面收获颇丰，俘虏250人，缴获战车460辆。

司机的锅，主帅来背

所谓国不可一日无总理，虽然华元的战斗力不行，但宋国还离不开他。所以，宋国国君打算拿钱把华元赎回来。宋郑两国就赎华元的条件分别采

知识加油站 郑、宋两军交战之前，宋国主帅华元为了鼓舞士气，杀羊犒劳将士。忙乱中忘了给他的马夫羊斟分一份，羊斟便怀恨在心。交战的时候，羊斟对华元说："分发羊肉的事你说了算，驾车的事，可就由我说了算。"说完，他就故意把战车赶到郑军阵地里去。结果，宋军主帅华元，就这样轻易地被郑军活捉了，宋军因此惨败。这就是成语"各自为政"，比喻不考虑全局，按自己的主张办事。

与华元相关的成语有：易子而食、析骸以爨（cuàn）等。

取了狮子大开口、腰斩式还价等惯用谈判方式，最终开出了战车100辆、壮马400匹的巨额赔偿金，郑国见好就收答应了。对于怎么交易，两国又互相扯皮了一会儿，宋国要求人到付款，郑国要求先付款再放人，宋国不同意，郑国人于是提出一手交钱一手放人，宋国继续讨价还价，要求先付一半，人回来以后再付全款，双方又一次达成妥协。

庆幸的是，当宋国一半的物资抵达郑国时，华元已经悄悄溜回来了，给宋国省了笔巨额费用。

华元刚回到宋国，就见到了自己的司机羊斟，忙不解地问："你那天是马不受控制，还是手抖了？"

羊斟不屑地说："哼，手抖个屁，也不是马，是人不受控制了！"（非马也，其人也。）说完，羊斟撒腿一溜烟跑不见了，史书最后有关他的消息，是他驾上马车逃到鲁国避难去了。

可怜的华元被坑后毫无办法，也没时间计较这些小事，宋国老是打不赢别人，动不动就被别国的大军开到城下，为长远计，他们该加固城墙了。修建工程还是由华元主持。谁知道，由司机带来的负面影响，竟如影随形地跟随着他。

那天，华元按正常程序去巡视和督促修城，结果，好端端地却跟老百姓吵了一架。

华元才走上城池，修城百姓就开始唱歌了："睅其目，皤其腹，弃甲而复。于思于思，弃甲复来。"

什么意思？翻译过来就是：嘿你们看这个人啊，鼓着眼珠子，挺着个大肚子，丢盔弃甲跑回来了。你们看他胡子一大把，看起来像个男子汉，其实呀，打仗都是丢盔弃甲逃跑的。

公开场合讽刺领导人，宋国倒是很民主。

华元听到这番羞辱，划重点划得很好，既不反感大家说自己外形像个秃顶老干部，也不讨论战争情况，而是清了清嗓子说："丢的那些盔甲……有牛就有皮，咱们国家犀牛、兕牛多的是，怕啥，再造就是了。"

百姓全然不尿，继续答道："牛皮，你就是最大的牛皮。"

听得华元当场社会性死亡，赶紧对手下人说："快走快走，他们人多口多，我们就几张嘴，吵不赢。"说完赶紧溜之大吉。

原来，作为一个"战五渣"，宋国每次打仗几乎都是惨败，人口损失惨重，让妇女成了寡妇，老人成了失独老人，孩子成了留守儿童，军事装备也一批批往外送，简直就像是敌国的装备提供国。宋国人民很厌恶当窝囊废，而宋国的战事一向是华元为主帅，大家就都埋怨总理无能，对他丝毫没有尊敬之意。

说起来，华元经历的这些苦难和羞辱，完全是由司机羊斟造成的，司机能量这么大，谁还敢得罪吗？还真有人敢。

每个司机，都有他的脾气

那是许多年后的公元前549年，国际大局势依然是晋楚争霸，但其中，一直不服气霸业就此消亡的齐国也想横插一杠，于是，齐庄公抓紧时机主动支持晋国的"栾盈之乱"，并趁火打劫了一把，可没料到，原以为万事俱备的栾盈却失败了，晋国迅速摆平了内乱，这下齐庄公内心全是大写的慌字，晋国稳定了，第一件事肯定是要收拾自己呀。苦思冥想，他只好勾结楚国去。

敌人的敌人就是朋友，齐楚很快搭上了线，并建立了同盟关系，盟约的内容就是"如果有人打我，要出兵帮忙"。果然没多久，齐国就听说晋国在行动了，而且召集了各方诸侯一起，齐庄公连忙再派使者去见楚老大，说明了自己当下十万火急的情况。楚国此时是楚康王在位，楚康王即位的前五年，国家都没发生战事，可这反倒让他忧心忡忡，因为他深深地记得"忘战必危"的警告，很怕大家说自己太安逸了，一直想找机会搞一次事情，所以，对于出兵跟晋国叫板，楚康王是非常积极的，当即答应会帮齐国兄弟一起解决问题。

齐国这边在行动，晋国也在紧锣密鼓地要打他，也就稍晚齐国出使楚国一点，晋国就集结了十二国联军，要去给齐国点颜色瞧瞧。不过，齐国这次很幸运，当时很多地方都发大水，各国都没心思作战，联军就这样不了了之。

不过，楚康王是个说话算话的真君子，他没打听到北方发了大水，还是发兵救了齐国。楚国跟晋国打仗，常用的套路都不是正面硬刚，而是采取打小弟的模式，我要打你小弟，你总不能不管吧？一旦大哥要来救人，那么被围的小弟也就安全了。这种"围魏救赵"的方法，在春秋时期几乎是家常便饭。楚国这次打的是谁呢？不再是宋国了，因为这会儿郑国这棵墙头草已经倒向了晋国，而郑国离楚国更近，打郑国比打宋国方便多了。

郑国的郑简公突然收到老家传来楚老大围攻自己的消息，连忙跟联军报告，由晋老大带领的十二国联军一商量，赶紧去帮老郑兄弟呀，于是大军往郑国方向开拔。走到距离差不多的地方，双方驻扎，约定第二天正式干架。晋平公心血来潮,突然想玩玩阵前单挑的游戏,当时的单挑,也就是单车挑战,前文说过,一辆战车的配置是车左、车右和司机,他指派了两个战斗力不错的人,分别是张骼和辅跞充任主攻力量,然后要求郑国出一名司机,三人一起去挑战楚军阵营。毕竟,在郑国周围,还是郑国的司机熟悉路况,开车有地理优势。

郑国收到消息后,连夜推选出了一个叫宛射犬的老司机,又进行了多方占卜,结果都是大吉大利,于是,宛射犬就这样被选定了。出发前,郑国的总理子太叔隐隐有些担忧,特地把宛射犬叫到一边语重心长地叮嘱,让他小心做事,低调做人,千万不要跟晋国人起冲突,晋国作为大国,他们的人可能会傲慢一点,但这是正常的。

宛射犬心说,我还是郑国的公族呢,从身份上说,怎么也要比那两位晋国武士尊贵吧?于是不服地回了一句:"不管怎么说,在一辆战车上,司机的地位总不会是最低的吧?"子太叔是个政治哲学家,反驳说:"不是这样的,小土山上不会有松柏,咱们这种小国在大国面前,挺不起腰杆子。"不管宛射犬有没有听进去劝,跨国战车组合就这样组成了,这样的组合会碰撞出什么火花呢?

得罪司机,他连你埋哪儿都想好了

三人组队成功后,晋国的张骼、辅跞两兄弟果然仗着自己是晋国人,对小小郑国来的司机并不看在眼里,他们住在帐篷里,就让宛射犬坐在帐篷外,吃饭的时候也是他们先吃,然后才轮到宛射犬,宛射犬心里早就把他们骂了八百遍。到了准备开车去单挑的时候,两人又不肯坐宛射犬的车,而是让他在前面开，他们则坐自己平时的车，等快到楚军营垒的时候才爬到宛射犬的车上面。刚上车的时候，两人既不换上盔甲，也不观察周边情形，更不跟宛射犬搭话，而是坐在车后面的横木上搞浪漫——弹琴，仿佛对一会儿的单挑胜券在握。

宛射犬心说："别看我对你们爱搭不理的样子，其实我心里说了你们好多坏话。"一边咒骂，一边开车，突然，宛射犬一个急加速，战车一瞬间就冲到楚军阵营里了。张骼和辅跞一看，这才慌忙从袋子里把头盔戴上，然后下车作战。楚军这边对突如其来的单挑毫无准备，突然发现郑国人带着晋国人来了，小兵们慌不择路，反而一路被张骼和辅跞抓起来，全成了俘虏。宛射犬心里又急又气，这不是便宜那两人了吗？当即也不打招呼，发动车子就跑。

此时，楚军反应过来，也在组织人进行抵抗，张骼和辅跞见状，忙追着车子跑，好不容易才跳上了车，后面追兵纷纷拥上来，急得两人忙抽出弓箭发射。要说宛射犬不愧是老司机，驾驶技术十分高超，没一会儿就甩脱了追兵。见已脱险，张骼、辅跞二人瞬间调整为轻松模式，脱掉头盔坐在横木上又开始弹琴唱歌，一边弹还一边问："公孙兄弟，咱坐一辆战车作战，那就是兄弟啊，你怎么冲击的时候不打招呼，要走的时候也不跟我们说一声啊？"

宛射犬心里碎碎念，算你们幸运，然后故作老实地回答："哎呀！前面出击的时候，我一心想着冲入敌营，让你们杀个片甲不留嘛，后面走的时候，我看见敌军人好多，吓死了，赶紧开车跑路，没来得及通知哈。"

两人一听，毫不怀疑，大笑着说："公孙真是个急性子啊！"

公孙是宛射犬的字。虽然张、辅二人并没有因此遭难，但宛射犬想坑他们的意图可是实实在在的，要不是他们自身本领卓绝，在司机的捣乱下，二人早就命丧黄泉了。虽说在这场小规模战争中，晋、郑是盟友，宛射犬与张、辅三人又是一辆战车上捆绑在一起的战友，但春秋是个个性十足的时代，每一个士人都有自己的脾气，甭管是新朋还是旧友，得罪自己了，就绝不向大局妥协，总要想方设法报复一下，这才是真实而细节的历史。历史由个人演绎，而个人是随机性的，不讲逻辑，不讲原则，才是大多数情况，才有我们看到的"奇葩"故事。

总而言之，通过这则故事我们看到，无论在什么时代，千万别得罪司机，坐上车了，他可是掌握着你生命的人。

历史面对面

二十一年，与宋华元伐郑。华元杀羊食①士，不与②其御羊斟，怒以驰郑，郑囚华元。宋赎华元，元亦亡③去。

——《史记·郑世家第十二》

注释 ①食：犒劳。②与：分给。③亡：逃。

| 原 | 文 | 品 | 读 |

郑穆公二十一年（前607年），楚国与宋国华元攻打郑国。华元杀羊犒劳军士，却没将肉分给为自己驾车的羊斟，羊斟愤怒地驾车冲到郑国军队中，郑国囚禁了华元，宋国想赎回华元，华元已经逃走了。

一只『王八』引起的血案

课前读史三分钟

说起吃货,在现代社会几乎是个可爱的代名词,但是在东周时期,有一个吃货的鼻祖,因为贪吃而让好兄弟背黑锅,因为贪吃而弑君,美食的诱惑竟如此巨大,也是令人震惊了!这个吃货始祖就是郑国的贵族公子宋,说他是吃货始祖一点不假,现在我们形容一份美食令人非常有食欲所用的"食指大动"一词就来自这位公子宋。后来因某些原因,公子宋被自己扶持的国君杀死了,顺便还灭了他的全家。于是,这个千古吃货终究落得个如此悲惨的下场,可谓一碗汤误终身啊!

小事件大历史

我手指一动，准有好吃的

河南新郑，两个老兄弟准备去见国家的最新领导人郑灵公。当然，当时他还不叫郑灵公，而是郑伯夷。伯是郑国的爵位，夷是他的名字。不过，按历史习称，咱们还是叫他郑灵公。来见郑灵公的是公子宋和公子归生，看称呼我们知道，他俩都是郑国的公族，算下来，他们都是郑灵公的亲叔叔。

两人边走边聊天，话题围绕着美食，因为，公子宋是个美食专家。不过，因为长期在郑国生活，两人能聊的也就是小麦、烩面之类的内容。"要有机会，真想去水产丰富的国家出个差，尝尝鲜。"公子宋无比向往地感叹。说着，公子宋的食指忽然有节奏地跳动了几下，他眉飞色舞，忙把手指伸出来给公子归生看，激动地说："瞧见没，动了，它动了！"

"瞧见了，这有啥稀奇的？"公子归生不明就里。

"嘿，你不知道，我这食指有特异功能。"公子宋故作神秘。

"咋地，难不成它还能指哪儿哪儿掉钱？这样我明天就转发你这根食指，保佑我发大财了。"公子归生打趣道。

"这倒没有，不过，以往每次我这根手指动，都证明了一件事，能吃到不一样的美食了，依我看，今天主公可能要请客了。"公子宋没继续卖关子，一口气说了出来。这就是成语"食指大动"的典故。

"你还真是个有灵感的吃货。"公子归生嘲笑道。兄弟俩一边说，一边继续向宫里进发。刚走到门口，只见厨师正从里面出来，手里提溜着一竹篮鼋（yuán），准备炖了吃。有人说"鼋"就是我们日常所说的王八，其实不然，鼋在生物学上是鳖科、鼋属动物，而王八一般是鳖科鳖属鳖种的鳖，因此，严格意义上讲鼋不是王八。不过，因为二者长得太像，放在眼前谁也分辨不出来，所以在当时人眼中，鳖是王八，鼋也是王八。

公子宋和公子归生对视一眼，不约而同地笑了起来，"你说我的食指灵不灵，服不服？"公子宋略骄傲地说。

公子归生忙给面子地回应："服服服，看来，你以后退休了可以去当吃播的主播了。"

两人说笑着，来到了郑灵公面前。郑灵公瞧见两位叔叔笑得这么开心，心说莫不是有什么好笑的段子？求分享呀。

公子归生抢先说："主公，是这样的，你子公叔（公子宋的字）说他的手指有个通灵技能，每当遇到好吃的，食指就会情不自禁地旋转跳跃，刚才我们在来的路上，他食指动了一次，结果走进来就看见厨师在杀鼋呢，太灵验了。"

郑灵公说："真灵啊！这鼋还是楚王千里迢迢送来恭贺我新登基的礼物呢，楚国靠近汉水，这种水产生鲜类的特产太多了。"说完，三人又一起笑了起来，郑灵公一边笑眼珠一边滴溜溜地转，带着点坏坏的感觉，一记损招上了心头。心说，嘿嘿，我让你"灵也（源于）王八，不灵也王八"。

你怎么这么开不起玩笑？

由于当时设备不高级，炖这种厚壳生物基本都要花几个小时，所以，郑灵公让两位叔叔回去等着，等王八熟了，一定喊他们来品尝舌尖上的美

语文老师陪你读《史记》奇葩大会

知识加油站

公子宋，春秋时郑国人，他认为自己食指一动，就能尝到奇异的美食。果然，楚国向灵公敬献了鼋，灵公命人煮了汤，唯独不赏给公子宋。公子宋把手指伸到煮汤的鼎里，尝了一口后生气地走了。灵公很生气，想处死他，没想到被公子宋先下手杀了。"食指大动"原指有美味可吃的预兆，后形容看到有好吃的东西而贪婪的样子。

与公子宋相关的成语有：染指于鼎等。

味。见公子宋有点恋恋不舍，郑灵公笑嘻嘻地解释："放心吧叔，寡人从来不是个爱吃独食的人啊！"公子宋和公子归生兄弟俩这才各回各家。

几个小时后，香气从厨房飘了出来，郑灵公闻着香味来到了厨房，然后一连派出好几个寺人，让他们分工去郑国各个卿大夫家里喊人自带碗筷来喝汤。听说有好吃的，不一会儿，卿大夫们坐马车的、小跑来的都到齐了，按身份次序纷纷落座在郑灵公早就准备好的座席上。香飘飘的大鼎被抬了进来，接着，寺人们端着各种餐具，盛汤的盛汤，分发的分发，一觯觯汤送到了大家面前，直到最后一个寺人完成分派的工作，退到了一旁。

有一个人的脸始终阴沉着，他就是公子宋，因为，别人面前都有汤，只有他这儿空空如也。他知道，这不是哪个粗心的服务员忘了发，每次端着餐具的人来到他这排，却又总是径直越了过去，很显然，这是有人要让他难堪，而这个人不是别人，正是上面端坐着憋笑的郑灵公。

郑灵公高坐在席位上，看着公子宋的脸一阵红一阵白，自己的脸也因为憋笑憋得太过而不断变色，最后，他终于憋不住了，"噗哈哈哈哈哈哈哈，子公叔，怎么，你的食指不灵了吗？"此话一出，公子归生也忍不住笑，接着满堂的大夫们都爆发出一阵无情的嘲笑。

在众人的目光下，公子宋闹了个大红脸，他觉得无地自容，可就这样被人当笑话又不服气，于是，怒气值达到顶点的公子宋狠狠地把理智踩在脚下，腾地站了起来，径直走到盛放王八汤的大鼎前，把刚才跳动的那根食指伸了进去，沾了点汤味儿放在嘴里尝了尝，然后扬长而去。此刻，公子宋觉得自己帅极了，说我不灵，这不是灵验了吗？不给我台阶下，我不是自己造了个阶梯吗？

成语"染指于鼎"就出自这里。

这次轮到郑灵公笑不出来了,站起来指着远处的公子宋问群臣:"岂有此理!刚才公子宋的行为叫啥?目无君上?无视寡人?他这是要造反哪?寡人要杀了他!"情急之下,郑灵公动了杀心。

世界上没有不透风的墙,何况郑灵公的杀人誓言是当着所有人的面说的。另一方面,公子宋明着打了郑灵公的脸,他也很紧张地在到处打听他离开后王宫里发生了什么,结果探出来个灭顶之灾。挣扎、难过、纠结后,公子宋做了一个艰难而大胆的决定,他想,虽然每个人都会死,但是这样预知死期的感觉实在是太不好了,与其坐以待毙,不如先下手为强,毕竟,别人死总比自己死好。

人在家中坐,锅从天上来

当时,列国臣子弑君的已经不计其数,公子宋一边安慰自己并非创造历史纪录,一边跑去找老兄弟公子归生商量。依他的意思,他准备杀了郑灵公后,从他儿子里找一个小娃儿做国君,国政大事都由自己哥俩决策就好了。

公子归生听到这个计划,急得差点没跳起来,"一个小王八而已,至于吗?"公子宋以为公子归生在骂郑灵公,附和道:"就是,夷这小子就是个小王八!"

公子归生见他会错意,忙解释:"不不不,我是说,为了一口王八汤,至于杀国君吗?夷再小,他也是我们的主公啊。杀主公,那是什么罪名?将来史书记录,'某某弑其君',你不怕被后人唾弃吗?"

"是他要杀我，我不能等死！"公子宋愤愤地说。

为了平复公子宋激动的心情，公子归生语重心长地劝了好一阵，劝他三思，劝他善良，末了又说："其实主公就是童心未泯，跟你开个玩笑而已，根本不是舍不得那一口汤，他连那么多同事都喊来了，怎么会是个小气的人？相信我，兄弟，他是个能共富贵的人，咱们跟着他干，准能享福。依我看，那句要杀了你的话，估计也是一时情急蹦出口的，他根本没在意，不然，这会儿你哪里还能跑来我这儿发牢骚？早被关小黑屋了。"

"不行，在这件事上，我不能存任何一点疏漏和善良，万一他小子是认真的怎么办？引颈受戮我做不到！"公子宋态度坚决，心说主公是要我的命，又不是要你的命，你当然不着急。

公子归生继续做最后的努力："畜老，犹惮杀之，而况君乎？"就算畜生养久了也有感情，下不了杀手，更何况他是国君呀。一不小心，公子归生还是把郑灵公跟畜生归为一类了。

公子宋沉默了，不是平复了心情，而是，他有了一个新想法：看来公子归生是不会跟我一起杀国君了，可是，正所谓"话说出口之前，话是我们的奴隶；话说出口之后，我们是话的奴隶"，找他一起密谋造反的计划已经收不回来，他是不想杀主公，可万一哪天我得罪他了，这事儿被翻出来，那我还不是要跪？

公子宋越想越害怕，最后，他还是决定先下手为强。不过，下手还是要有计划的，不能单枪匹马干没有准备的仗。晚上，公子宋披星戴月地跑去找郑灵公，开口就说："主公，不得了啊，你子家叔（公子归生的字）不是个东西啊，他……他竟然拉拢我想杀了你。"

"什么什么？"郑灵公听得一头雾水，"怎么个情况？子公叔你说清楚。"

"是这样的，主公，子家知道我跟主公闹了点矛盾，下午他吃完王八肉就去找我了，还劝我跟他一起干掉主公您。看来，他是谋划已久啊，专拉对主公不满的人入伙，可是，他不知道，我是您亲叔叔，我怎么可能会害您呢？咱们是亲人啊！"公子宋声情并茂地把原先设计好的台词一字不落地告诉了郑灵公。

"这个……我看子家叔叔不像这样的人哪？"郑灵公还是不大相信，心说，公子归生也是我亲叔叔啊！

"主公，人心隔肚皮啊！"公子宋有板有眼地说。

"嗯，这倒也是，容寡人观察一下。"郑灵公说。

出了王宫后，公子宋没有直接回家，而是又一次去敲了公子归生家的大门，并且把刚才去找大王的情形全部给公子归生复盘了一遍。

"你……你这不是胡说八道吗？你干吗要这样害我？"公子归生急得不知道说什么好。

"嘿嘿，现在摆在你面前的有两条路，要么主公杀了你，要么你跟我联手杀了那小子。"公子宋得意地说。

"唉……生活终究还是对我下手了。"在这一声叹息里，公子归生作出了决定，就这样，密谋许久后，夏天，公子归生结束了郑灵公短暂的一生。当年即位当年死，座位还没捂热，郑灵公就要去下面占坑位了。史书对这次政变的总结是："郑公子归生弑其君夷。"到最后，弑君罪名还是公子归生一个人扛。

其实，郑灵公从始至终都没有想杀了谁，不管是公子宋，还是被公子宋实名举报的公子归生，否则，他们根本没有机会活到先下手为强的那天。郑灵公至死才明白一个道理，身为一国之君，一个随时能送别人进入轮回通道的人，一个真的掌握生杀大权的人，万万不能随意对人发出死亡威胁，因为，你有这种权力，别人不敢心存一点侥幸。也许你只是挂在嘴边的一句顺口溜，在惶惶不安的臣子那儿，这就是索命的符咒，是生命倒计时的预告。所以，即使臣下只是一条狗，最终，不是乖乖地等着狗血喷头，就是狗急跳墙，送你见阎王。

历史面对面

灵公元年春，楚献鼋于灵公。子家、子公将朝①灵公，子公之食指动，谓子家曰："佗日指动，必食异物。"及入，见灵公进鼋羹。子公笑曰："果然！"灵公问其笑故，具②告灵公。灵公召之，独弗予羹。子公怒，染③其指，尝之而出。公怒，欲杀子公。子公与子家谋先。夏，弑灵公。

——《史记·郑世家第十二》

注释 ①朝：朝拜。②具：都，全部。
③染：沾。

原文品读

齐灵公元年（606年）春季，楚国献给灵公一只鼋。子家、子公准备朝拜灵公，子公的食指突然动了一下，对子家说："以前我的手指动，就必然会吃到非比寻常的食物。"等到进官以后，看到灵公食用鼋羹。子公笑道："果然是这样！"灵公问子公为什么笑，子公就把事情都告诉了灵公。灵公召唤他过去，唯独不给他鼋羹。子公非常生气，用手指在汤中沾了一下，尝了味道便出了宫。灵公非常生气，想杀掉子公。子公与子家谋划先动手。夏季，他们杀掉了灵公。

一棵桑树引发的战争

课前读史三分钟

据我们所知,一个国家的政治、军事决策,向来都是经过深思熟虑以及长远规划后作出的决定。一场战争的开启,往往需要酝酿、做好准备,很少会出现说打就打、一触即发的情况。然而在中国悠久的历史长河中,就曾发生过这样一场"荒谬"的战争。它并没有通过沉稳的理性考量,更像是两个年轻人的意气用事。引发这场战争的原因,竟是两个姑娘的桑叶之争,实在令人可叹。或许每一场战争都需要一个理由,哪怕是一个荒唐的理由。这样便能师出有名,才能服众。但这场战争表面看来荒诞草率,实则影响深远,最终促成吴国的霸业和楚国的衰落。

吴国发展小史

春秋末年，争霸百年的晋楚双方打得都有些累了，晋国人想了一个"滴滴代架"的模式，扶持东南角的吴国去跟楚国闹腾，自己坐收渔翁之利。于是，很长一段时间，春秋大历史中战争的主角，换成了吴楚两国，晋国人则专心搞内斗去了。

吴国的创业者是周朝开国君主周文王的大伯父，后来被称为吴太伯。吴太伯原本是周部落古公亶父的嫡长子，按理说古公亶父死了以后，应该是吴太伯继承父亲的爵位，但古公亶父看上了小儿子季历和他儿子昌，只是碍于周部落一直以来的嫡长子继承制，左右为难。吴太伯清楚这一点，也很苦恼，不过，他并不是恼自己得不到继承权，而是一直想为父亲排忧解难。思前想后，自己是小弟和大侄子顺利接班的最大阻碍，那么，不如跑路吧，跑远了，他们完成大业就顺理成章了。

听说大哥要跑，老二仲雍知道后，央求大哥带带我，也要跟着一起跑。于是，兄弟俩手拉手跋山涉水，走过了无数个日夜，终于离开了周部落。为怕爹派人来找，太伯和仲雍干脆一次性跑到天涯海角。两人越走越远，慢慢地，城邑越来越少，景色也越来越荒凉，看见的人服装纹饰都和周部落完全不同，并且看起来和商朝都毫无关系了。

"有衣服的地方就还是文明之邦"，两人这么想着，决定再走走，跑到蛮夷地带，才能彻底断绝彼此的念头。最终，他们来到了一个男人们都光着膀子，身上都是文身的地方。见两个穿着衣服的怪人来到，当地人都很紧张，纷纷拿扫把相对，太伯和仲雍想解释，可是双方语言完全不通，没办法，他们只能用诚意表示，"我不是来破坏你们的，我是来加入你们的"。兄弟俩解开头发，脱掉上衣，用树叶汁在身上乱涂，于是，当地人将信将疑地准备看看再说。看着他们打地基建房子，锻造各种农具，利用蚕宝宝吐丝制作衣服御寒，这才放松了警惕。

对于从没见过"高科技"的蛮夷们，太伯和仲雍兄弟俩简直是老天派来拯救他们的活神仙，于是，大家公推两人为首领，慢慢地，当地被治理得井井有条，就像周部落的翻版，这就是吴国。日子就这样一直从西周还没建立，来到了西周灭亡，春秋末年。

虽然吴国完全承袭了原始周部落的样子，可周部落自从推翻商朝，建立了周王朝，早已改制度、定礼仪，无论从科技还是文明等各方面都已经又上一层楼了。何况数百年的风俗，多多少少有些许改变，所以，从不和中原交流的吴国，在中原王朝眼里，还是蛮夷之地。就连和中原玩久了的"楚蛮子"都这么认为，以前，大家都鄙视楚国是蛮夷，有了吴国垫底，楚国终于文化自信多了。

总被人鄙视的感觉十分不好，吴国向往中原文化，很想脱掉落后的帽子，于是，吴国积极挤进中原视野，终于和晋国拉上了关系，一起对付楚国。其实，即便晋国不来，想去世界看看的吴国也是东一榔头西一棒槌，经常与周边的楚国、越国闹矛盾。有了晋国人确定的大政方针，吴国更清楚自己的目标。从此以后，吴国跟楚国就杠上了，时不时发兵骚扰一下楚国边境，当楚国集结军队出来迎战，吴国又撒腿就跑，一来二去，把楚国搞得精疲力竭。

虽然吴楚两国经常交火，一点火苗，就能引发一次大战争，可不打仗的时候，两国边境的人们平时关系还挺好的。边境嘛，自古以来都是今天属于你，明天属于他，所以，边境人民很有觉悟，他们并不那么在意自己的国籍和归属，反而只有家庭和邻里概念，大家都是守望互助的邻居嘛。

可又一个急转弯来了，甭管日常多好，一旦你家的鸡跑进我家鸡圈，我家牛吃了你家稻谷，一切又能上升到国与国的高度。

跨国友情有多塑料？

有一天，楚国边境卑梁的一个小姑娘和吴国边境的一个小姑娘相约一起去采桑，按照原计划，两个人高高兴兴地采桑，然后手挽手唱着《采桑的小女孩》各自回家，这是日常两边到处都能看到的风景。可是这一次，出问题了。

两人一边采桑一边互相开玩笑，不过这次玩笑可能开得有些过火，楚国姑娘本不想搭理，决定继续采桑，吴国姑娘忽然拦在前面，声称这是吴国地界，不许楚国人来偷桑叶。楚国姑娘有情绪了，边境之地，向来就说不清归属，便挺起腰板就说这是楚国地界，要吴国人滚出去。接着，双方开始互骂直系亲属，又推搡、厮打在一起。不消一会儿工夫，两个姑娘脸上都被抓得破了相，衣服也扯得很凌乱，可是还在扭打，根本没有放开的意思。一不小心，楚国姑娘重心不稳被推倒，滚下山坡受了点伤。

不远处干农活的其他人看见了，纷纷跑过来围观，楚国群众见楚国姑娘受了伤，慌忙告诉了楚国姑娘的家长。看见爱女头破血流的，家长心疼不已，拉着她就往吴国姑娘家要说法。

吴国姑娘伤了人，躲在家里瑟瑟发抖，家长也多少有些心虚，只想逃避了事，于是开口就是"我家姑娘还是个孩子，又没法负责任，再说小孩子打打闹闹有什么，自己弄点草药敷敷不就行了嘛"之类的话，气得楚国家长怒发冲冠。

吴国家长见势，心里有些害怕，想吓退楚国家长，于是补充了一句："这里可是吴国，你现在越境了哦，请你赶紧回国去，我们吴国人可不是吃素的。"

"欺人太甚"，楚国家长说着，跑到厨房拿起菜刀就往吴国家长身上招呼，吴国家长应声倒地，登时毙命。楚国家长则带着女儿扬长而去。吴国姑娘的娘瞬间哭爹喊娘，又引来了不少围观群众，吴国人见状，顿生国别之感和爱国热情："楚国佬杀了我们吴国人，欺人欺负到家了，父老乡亲们，咱们要报仇！"一声呼吁下，吴国群众纷纷拿着菜刀、斧头和木棍怒气冲冲地往楚国姑娘家赶，楚国人还没反应过来，一家人尽数被打，血流满地。

辖区内有人举家被吴国人所害，楚国卑梁县公听到消息腾地站了起来："吴国人竟然敢打我地盘上的人？找死！"卑梁县公直接组织军队冲向吴国边境。边境上的军人，本来就时有摩擦，而楚国这些年总是被更不讲道理和秩序的吴国打败，楚国人早憋着一肚子火，此刻正是发泄的时候，于是，楚国人一通屠杀，吴国边境的老弱妇孺悉数找阎王报到去了。

吴国边境长官得到消息也组织人火速赶了过来，这下，本来只是一个小玩笑和争采桑树的小矛盾，现在变成了边境战争。在仇恨驱使下，楚国人越战越勇，吴国人完全不是对手，百姓被杀得七零八落，整座城邑也被楚国人占领。卑梁县公站在高台上威风地宣布："吴国佬已经被我们灭了，现在这块地方是我们楚国人的,楚国的百姓可以随便去采桑,随便去耕种,不要害怕吴国佬,楚国是你们坚强的后盾!"

那么,失败的吴国人是什么反应呢?吴国人以最快的速度把边境争端报告给了上面。边境被占,百姓被屠,吴国国君夷昧大怒,最关键的是,和吴国交手以来只有挨打份的楚国竟然敢主动挑起战争,实在是咽不下这口气。夷昧派公子光(就是后来的吴王阖庐)率领吴军迅速出击卑梁,吴国正规军一到,小小卑梁只有被割韭菜的命,重复了吴国边境当初的遭遇。这一战,吴国不仅占领了卑梁,还一路向楚国挺进,打到居巢和钟离(安徽省六安市和安徽省凤阳县),占领了这两座楚国大城。

现在,该升级到楚王得到消息了,面对百姓被屠、边境失守,楚王有什么想法?楚平王很想报复回去,可楚国和吴国打仗总是吃亏,前一年的鸡父之战,吴国人刚刚抢走了军事要地州来,加上此时楚国总理囊瓦是个贪得无厌没啥水平的人,楚国实在是不敢主动宣战,只能再次忍气吞声。

"春秋无义战"?

当初强到横渡淮河进驻中原,和齐桓公、晋文公分庭抗礼,与晋国争霸百年,吓得陈、蔡、郑、宋、卫等国瑟瑟发抖的楚大王,如今面对更野蛮的吴国人,也只能做缩头乌龟,真是时移世易,三十年河东三十年河西。

这则故事最初被记录在《吕氏春秋》中,该版本的故事详细,细枝末节精彩,《史记》中所载应该是删减自《吕氏春秋》,所以,我们的叙述也融入了该书的情节。

回头看看,本来这场事故只是两个姑娘发生了些口角,最后竟然愈演愈烈，发展成了国与国之间的战争，不少人为此付出了生命的代价，不得不让我们惊叹一句"实在是不可思议"。虽说"春秋无义战"，两国的边境长官互相保护自己的子民，为报仇而开战，谁说不是义呢？只是，神仙打架，凡人遭殃，苦的只是边境的百姓，活着对他们来说，是那么随机。

历史面对面

初,楚边邑卑梁氏之处女与吴边邑之女争①桑,二女家怒相灭,两国边邑长闻之,怒而相攻,灭吴之边邑。吴王怒,故遂伐楚,取两都②而去。

——《史记·吴太伯世家第一》

注释
①争:因……发生争执。
②两都:这里指楚国的居巢和钟离两座城邑。

原文品读

起初,楚国边城一位卑梁氏的少女和吴国边城的妇女因为采桑之事发生了争执,两位女子的家人都很生气,互相攻击杀戮,两国边城的长官听说了这件事,因气愤而互相攻打,吴国的边城被灭掉了。吴王知道后,勃然大怒,便出兵攻打楚国,占领了居巢、钟离这两座城邑后撤退。

《史记》中的神预言

课前读史三分钟

齐国的姜太公和鲁国的周公旦在建立周王朝的过程中，两人关系就很好，巧的是两人又得到相邻的两块封地，于是经常在一块探讨如何治理国家。姜太公倾向用人才治国，周公旦认为只有亲人才靠得住。周公旦预言齐国后代必然会出现篡位杀君的臣子，姜太公预言鲁国以后必日渐衰弱。这两位"精英"的预言最终怎样了呢？历经数百年，姜太公的齐国就像绚烂的烟花，灰飞烟灭了，鲁国虽活得比较久，但最终还是败在自己人手下。两个预言，皆一语成谶。

令人大跌眼镜的奇葩人设

在历史名场面"武王克商"之后,武王将亲戚们逐一进行了分封,"亲戚"一词在此处代表了两个枝繁叶茂的群体,一是天生的血亲,一是后天的姻戚。周初两大巨头齐国和鲁国就是这两大群体的代表。

鲁国是周公旦的封国,周公是武王的亲弟弟,武王的叔伯兄弟,都和周公一样,拿到一块地盘,执行守土之责,并且世代传承。久而久之,周天子遇到同姓的诸侯,都要谦虚地喊一句"伯父"或"叔父"。齐国是姜太公的封国,姜太公的女儿嫁给了周武王,因此,齐王是典型的外戚,太公和武王等前辈先走一步后,齐国的继承人就是周天子的亲舅舅。又因为周王朝实行"同姓不婚"制度,历代周天子只会在异姓的诸侯里迎娶王后,于是,每一个异姓诸侯,到后面都是周天子的舅舅,久而久之,周天子对异姓诸侯的称呼,就都是"伯舅""叔舅"了。也就是说,在周王朝拥有土地的,都是周天子的亲戚们,周朝完全是宗亲政治、熟人社会。

在吗?聊个未来

当姜太公和周公旦得到守土的使命后,《吕氏春秋》记载了一个小预言故事,摘录如下:

吕太公望封于齐,周公旦封于鲁,二君者甚相善也。相谓曰:"何以治国"?太公望曰:"尊贤上功。"周公旦曰:"亲亲上恩。"太公望曰:"鲁自此削矣。"周公旦曰:"鲁虽削,有齐者亦必非吕氏也。"其后,齐日以大,至于霸,二十四世而田成子有齐国。鲁公以削,至于觐存,三十四世而亡。

说太公和周公在建立周王朝的过程中建立了深厚的友谊,两人得到相邻的两块封地，共同讨论治国方针，以借鉴学习。太公毫不遮掩地说了自己的主张："我准备采取尊贤上功的策略。"什么意思呢？尊贤比较好懂，上功可以理解为崇尚功绩，翻译成大白话就是：齐国将来只用有能力的人，不看国籍和学历，没有老少的差别对待，也没有出身鄙视链，只要你有才，齐国就敞开大门欢迎你。周公对此有不同观点，他说："我准备搞亲亲上恩政策。"意思是，紧密联络和团结亲人们，维持家族大业，只有亲人才靠得住。外人，很可能是心怀鬼胎的。

这其实就是当代职场经常遇到的问题，老板是会任人唯亲，把公司搞成家族企业，还是用人以贤，提拔有真本事的人呢？此处，齐鲁就像两个大公司，给自己的企业规划好了两条不一样的路线。

任人唯亲在当代是个职场敏感词，似乎哪位领导这样做，就是自掘坟墓，失尽人心。可是，以当时的社会形态看，倒不能批评周公目光短浅，不顾才能，只看血缘，因为，那会儿地广人稀，而人与生俱来的荣辱感就与家族和宗亲相关，没空扫他人门前雪，所以，当时能团结起来的力量，只有族人，整个社会组织架构也是宗亲结构。只有亲人们才会利出一孔，没有私心。即便有一些小家庭有私心，那也只是小范围的斗争，对外的利益还是一致的。换句话说，亲人永远是亲人，打打闹闹，始终是相亲相爱的。

不过，作为一个羌人的支系，姜太公对宗族观念并没有那么强烈，听了周公的话他有些惊讶，心说真是我敢问你敢说呀，如果按照周公的方针，他都能预到测鲁国的未来会怎样了："这样的话，鲁国恐怕要变成战五渣了。"

"改天一起吃鱼吧,我看你挺会挑刺的。"周公开了个玩笑缓和气氛。其实,周公心里也知道,只任用亲人会将很多人才拒之门外,但他对姜太公的治国方针并不认可,不仅不看好,他也看见了齐国的未来:"鲁国也许会变成战五渣,可你们齐国,以后恐怕就不是姜家的了。"

"你是魔鬼吗?"姜太公也开了个玩笑。

乍一看,两位老爷子似乎在抬杠诅咒,你说我后代不行,我说你没后代了,看谁更毒舌。事实上,两人都是聪明到绝顶的。当时的官制分工上没有多少互相掣肘的设定,权力在一个国家里又是"能量守恒"的,如果朝堂之上的席位都是外人,自家人的位置自然就少了,就会顺势沦落为底层,而当外人攫取了权力和地位后,怎么可能安心给草包们打工呢?如果按周公的亲亲原则,永远只内部消化,来来回回都是一族血脉的一种惯性在做决定,社会完全处于静态,最后可不就变成一潭死水了吗?

那么,这两位顶级精英的预言,谁获胜了呢?两个人都胜了,或者说,两个人都败了。

两个预言,皆一语成谶

《吕氏春秋》补上结局,后面,齐国果然"膨胀"了,在齐桓公的带领下更是达到了空前的昌盛。齐桓公尊王攘夷,九合诸侯,匡扶周王室、援助诸侯各国,中原各路诸侯都主动尊崇齐国为大哥。齐国的首都临淄吸引了各地的贸易商和游客,成为当时诸侯各国的国际大都市,在大周城邑GDP(国内生产总值)排行榜上年年夺冠,无论是列国诸侯,还是王公贵胄都喜欢到临淄旅游,那盛况,大概就像今天的北京和上海。

但是，物极必反，盛况下的后遗症也来了——正是因为齐国的政策不约束外族，齐国本土势力逐渐被削弱，变透明，而其他国家的人才不断涌进齐国，就在这些涌进的人才中，出现了一个让齐国未来发生天翻地覆的人——陈国公子完。公子完在父亲陈厉公被杀、陈国一片混乱的情况下，投奔齐桓公，齐桓公则按政治避难原则给了陈完一块自留地，从此，陈氏在齐国立足了。陈氏后来改为田氏，在齐国不断收买人心，甚至搞了一套营销宣传，说老早就有预言帝占卜，陈氏将来在另一块姜姓的土地上能得到延续，建立国家，终于，齐国传了二十四世以后，被田成子篡位，史称"田氏代齐"。也就是说，战国时期的齐国，虽然国号没变，可领导阶层已经彻底换血了。姜太公的齐国就像一个绚烂的烟花，突然闪耀，倏忽湮灭。

鲁国呢活得比较久，传了三十四代国君，可自春秋以来，生活不断对鲁国下手，鲁国人则不断对自己人下手。鲁桓公以后，他的三个儿子霸占鲁国国政，学贪吃蛇一口一口吃掉了国家的财政和土地，"三桓"变成了"三木亘"。最后又公开两度打劫国君，先是"三分公室"，然后又"四分公室"，把国家榨取得干干净净。在三桓的霸权和谋私中，鲁国的国际地位从王者掉成了青铜，一手好牌打得稀烂，只能到处认大哥，看别人脸色生活，始终没能抬头挺胸过。值得一说的是，伟大的先圣、带领鲁国改变外交政策的孔子，就是被三桓赶走的。

两个预言，皆一语成谶。齐鲁两国真是印证了那句歌词"长得丑，活得久，长得帅，老得快"。

原来都是预言帝，失敬失敬

《吕氏春秋》虽是小说家言，《史记》里却记载了一个类似的预言故事。

同样是姜太公和周公旦获得了齐鲁封地，姜太公回到齐地治理，仅仅五个月就跑回首都报告工作进度，周公惊叹"你大爷果然还是你大爷"，那么大一块地方，又是人群杂居，五个月就搞定了，到底是怎么做到的？

姜太公嘿嘿一笑："我就是个事业脑啊，羡慕吧。"

周公旦表示不懂就问，忙求太公给个治国速成法则。

太公清了清嗓子："简单点，办事的方式简单点。我只是把一切礼仪程序都简单化了，民风上遵从当地的习俗，大家就很开心地接受了。"

哇，治国小课堂的直播啊，周公记下了。

鲁国呢？因为武王死得早，儿子成王年幼，成王的叔叔周公和召公就留在了京师辅佐，各派长子去封地工作。鲁国是周公的长子伯禽去了，伯禽和姜太公差不多同时出发，可两三年过去了都没见回来汇报一下工作，周公不免有点焦急，心想不会是这小子镇不住场子吧？毕竟，鲁国首都曲阜那块地方当年可是商朝的重要分支——奄国的根据地，而且，分封的时候，为了把商朝移民隔离处理，周王朝拨了"殷民六族"给鲁国，既要对付外面的东夷，又要维持内部稳定，鲁国的担子实在是重。

直到三年后，伯禽终于回京述职了。周公忙不迭地问："咋这么慢啊？"

伯禽说："嗐，我不是在那教他们怎么做人嘛，当地的习俗礼仪和我们完全不同，我要用我们周人的规矩同化他们，同化和融合是需要时间才能见成效的。何况二伯武王刚死，我要服丧三年，除了孝服才赶来呢。"

姜太公听到伯禽的汇报，摇了摇头："还是年轻啊。"有人问他为啥这么说，太公解释道："老百姓懂得又不多，政策搞那么复杂，谁能明白呀，大家都一脸蒙，还怎么跟当家的亲近呢？明明可以是'1+1=2'的事情，非要用高等数学加上物理化学公式去解读，这哪里是治国？这是出题考试啊！只有平易近人，让大家感觉到亲切，老百姓才愿意跟着你。唉！我看，鲁国以后要向我们齐国称臣喽。"

后来的历史我们知道了，姜太公的预言丝毫不差，齐鲁磕磕碰碰数百年，鲁国一直被摁着摩擦，不过，作为一个有先见之明、堪为后事之师的人，他只穿过历史的迷雾看透了几百年，看到齐国的强大和鲁国的臣服，却没能看得更远。

其实，齐鲁两国的治国方针，都是在大胆改革，一个在做减法，敢于丢弃烦琐的教条，一个则在做加法和乘法，把自己的规矩强加到别人身上，全盘周化。姜太公是典型的后浪，开拓、进取、听得进意见，而伯禽却是前浪做派，沉稳、缓慢、不讲效率，但凡有一口气在就行。谁先入海呢？最后历史的方向盘忽然来了个急拐弯，齐国是眼看他起高楼，眼看他塌方了，加速奔流朝海里而去，鲁国则如古井水，纹丝不动，直到被打水喝的一点点榨干。

历史面对面

鲁公伯禽之初受封之鲁，三年而后报政周公。周公曰："何迟也？"伯禽曰："变其俗，革其礼，丧三年然后除之，故迟。"太公亦封于齐，五月而报政周公。周公曰："何疾①也？"曰："吾简其君臣礼，从②其俗为也。"及后闻伯禽报政迟，乃叹曰："呜呼，鲁后世其北面事齐矣！夫③政不简不易，民不有近；平易近民，民必归之。"

——《史记·鲁周公世家第三》

注释 ①疾：快，迅速。 ②从：顺从，遵从。 ③夫：如果。

原文品读

鲁公伯禽起初被封到鲁国，三年之后才向周公报告鲁国的政绩。周公说："为什么报得迟了？"伯禽说："改变那里的风俗，变革那里的礼制，丧事要过了三年才能除服，所以迟了。"当时太公也被封到齐国，五个月以后就要向周公报告政务。周公说："为什么这样快呢？"太公回答道："我简化了君臣之间的烦琐礼仪，顺从当地的风俗。"待到后来有了伯禽报告政事迟缓的事，周公就感叹道："唉！鲁国将来必定要臣服于齐国了！如果为政不简便易行，人民就不会亲近；统治者平易近人，百姓一定会归附于他。"

做人嘛，最重要的是有自信

课前读史三分钟

自古以来，使者都会受到较高的礼遇，但凡事都有特例，有些国君往往会出于某种目的而对他国外交使臣极尽侮辱之能事。在众多外交事故中，公元前590年发生在中原地区的一次外交闹剧，给春秋时期的齐国带来了一次严重危机，并引发了战争。从表面看，这场战争只是因为齐顷公的不重视，招致四位使节的报复。但结合当时的背景，晋国称霸中原，齐国想要重拾齐桓公霸主风光，这或许是一场早就精心准备的行动，只不过齐顷公的行为给了晋国以道义上的口实。经此一战，齐国国势渐衰，齐顷公也变得极为低调内敛起来，减轻赋税，从而颇得民心。

● 令人大跌眼镜的奇葩人设

小小恶搞，不成敬意

齐国的齐顷公，如果你不知道他，生活中就会少了很多笑话。

公元前597年，晋楚打完邲之战，楚国大获全胜，于是，国际形势又狠狠波动了一番。晋国失去了霸主的地位，中原诸侯转头集体去对楚国唱《征服》。公元前589年，楚国发起诸侯大会，晋国最初的小弟宋、鲁、秦、齐、郑等国家无一敢缺席，纷纷恭贺楚庄王荣登霸主宝座。此次与会诸侯多达14个，是历届霸主举行会盟以来参与诸侯最多的一次，晋国几乎被孤立。晋景公为此很头痛，他不甘心晋文公、晋康公两代霸主之位就此败落，除了踏实发展国力外，最主要的，还招回小弟们，否则，光杆司令干啥都没气势。于是，当楚国在那儿开会，晋国内部也紧急召开了会议，分析眼前国际形势：

陈、蔡、曹、卫等国跟楚国靠得近，只能是楚国碗里的菜；郑国地处晋、楚之间，立场从来不坚定，只能武力征服；秦国自从被坑出经验以后，也不跟晋国玩了；鲁国、宋国是晋国的唯粉，如果晋国雄起，他们肯定会回营；齐国，一个曾经的霸主之国，经历、国力、军事各方面都不弱，如果能把齐国争取到手，强强联合，情况自然好办了许多。

确定好战略方针，晋国派出了中军佐（副帅）郤克出使齐国访问，并邀请齐国参加晋国即将召开的大会。到了齐国后郤克才知道，原来齐国这会儿很热闹，除了晋国，卫国的上卿孙良夫、鲁国的正卿季孙行父、曹国的公子都在齐国进行国事访问。

嚯，这么热闹，齐顷公一瞧四国来使，忙派人去筹备接待各国使者的事。自打听说四国来的都是谁，齐顷公晚上做梦都笑醒了好几次，他准备了一出大型综艺节目，并叮嘱老妈萧同叔子到时候一定要呼朋唤友来围观。

到了接见当天，四国使者身前分别有一个人带路。众人一前一后地走着，"哈哈哈哈哈哈哈"，忽然，楼上爆发出一长串女人的笑声，郤克等人抬头看看，再回头看看，这才发现，原来齐顷公准备的综艺节目是耍猴。

事情是这样的，这次来访的四国使者好巧不巧的都有身体缺陷，郤克瞎了一只眼睛，季孙行父是个秃子，孙良夫是瘸子，曹国公子是罗锅，齐顷公为了博老妈一笑，特地策划了这样一出恶作剧——让独眼龙领着郤克，秃顶的领着季孙行父，瘸子领着孙良夫，驼背的领着曹国公子。远远看去，好像是四个使者和他们的影子在走路，场面一度十分滑稽。

这样的精心安排，连使者都哭笑不得，既生气，又不得不夸赞齐顷公的精妙策划。但是，人家使者也要面子啊，郤克作为晋国的上卿，平时就是说一不二的人物，来到齐国被当众羞辱，气得跺着脚发誓："如果不报这个仇，这辈子我都不再过黄河了。"

在作死的边缘疯狂试探

因为齐顷公的恶作剧，友好的访问才开始就结束了。郤克回到晋国后，一门心思要发兵揍齐国。晋景公心说，你要面子，不能拉着整个晋国陪伴啊，一直宽慰他等等再说。郤克是肚皮里点灯——心里明白，知道晋景公的顾虑，又打申请说让自己家族的私兵去打，晋景公心说，你的就是我的，你的家兵不还是我晋国的兵？传出去，还是晋国跟齐国干了一架呀。所以他又拒绝了。

一连请战都被拒，郤克只能把仇恨的种子埋在心里再撒了点肥料，希望它生根发芽，长成自己控制不住的参天大树。想想齐顷公这个混账和当初站在齐国楼上那个嘲笑自己的女人，郤克气得牙根痒痒。

晋国这会儿的中军帅是士会，看到郤克天天在家里画个圈圈诅咒齐顷公，心说，再憋下去，郤克迟早要在国内找岔子，搞点大动作出来。这么想着，士会连忙主动请辞告老还乡，把一把手的交椅让了出来成全郤克。按照晋国六卿的替补制度，中军帅去世或卸任，就由中军佐补上，终于，郤克升到了晋国臣子的"天花板"。

这边，齐顷公虽然玩了郤克，但对晋国开会的邀请不敢完全无视，但他是坚决不会亲自参加的，只派了高固、晏弱、蔡朝、南郭偃四个人去参加会议。结果，大家谁也不是傻子，四人一边暗骂齐顷公前面的迷惑行为，一边纷纷提前掉队。到了敛盂，高固溜了，其他三人见高氏开了好头，也都集体溜号。

其实，即使齐国人不溜，他们也到不了晋国。因为，晋国早就对外宣布，不许齐国人参与了。但问题是，我不想你来是我的事，你自己不想来，那我就要跨地区抓捕了。晋国派出抓人小分队，在野王（今河南沁阳）抓到了晏弱，在原地（今河南省济源市）抓到了蔡朝，又在温地（今河南温县西南）抓到了南郭偃，跑得慢的一个不漏。

大会上，郤克旧事重提，忽悠晋景公。说齐顷公不亲自参加会盟，就是背离组织。晋景公还是老一套，能文明解决咱就不要动手了，派人前去威胁齐国，齐顷公也是猫科动物，能屈能伸，连忙说我服了服了，并把儿子公子强送到晋国当人质去了。

化解了这场风波，齐顷公又闲得发慌，探头探脑地戳了戳鲁国北部的龙地（今山东泰安西南）。齐顷公的宠臣卢蒲就魁想展现个人雄风，带人亲自攻门，结果反倒被龙地的士兵给团团围住了。齐顷公慌了，赶紧求饶，条件是只要他们不杀害卢蒲就魁，齐国大军就撤退。龙地士兵不服了，把打仗当玩儿呢，当场杀了卢蒲就魁，还把尸体挂在墙上。齐顷公恨不得失声痛哭，既然你们没有求生欲，那就集体为他陪葬吧！齐顷公亲自击鼓，齐国人被国君这像极了爱情的行为感动，纷纷要锁死这对CP，都义愤填膺，全力作战，结果三天就拿下了龙城。

龙城靠近卫国，卫国又是鲁国的同盟国，听说情况后，本着盟友必须共进退原则，卫穆公紧急派遣了四个大夫前来救鲁，然而，卫国的战斗力向来一般，还没开战，救援人之一的石稷就开始尿了，想要班师回朝。还是当初在齐国受了委屈的孙良夫坚决不答应，卫军这才硬着头皮顶上。双方相遇在新筑（今河北魏县南），才开打，卫军就败了。怎么办？石稷灵机一动，制造谣言，并让士兵们纷纷"转发"，说晋国人带着大部队来救援了。齐国人虽然内心表示信你个鬼，可也不敢轻举妄动，只好将战争按了暂停键。

自信的男人最有魅力

知道谎话瞒不过，鲁、卫两国抽空连忙派人去晋国申请救助，特别是卫国的孙良夫，一到晋国，直接找郤克去了，两人又一起回顾了在齐国受到的屈辱，真是忍一时越想越气，退一步越想越亏。郤克心说，这次怎么着也要攻打齐国报仇。所以，收到求救的晋景公还在犹豫呢，郤克就跳出来滔滔不绝地说齐国坏话。好吧，晋景公终于松口，答应出700乘战车给郤克挥霍。

郤克讨价还价："千山万水总是情，多给100行不行？700乘是城濮之战时的人数，那时候晋文公手下可是全明星阵容，我们给他们提鞋都不配，所以，数量得加呀。"晋景公也不是小气的人，既然答应了出兵，索性大方到底。

晋国大军出发，鲁、卫两国瞬间感觉气势够了，也很乐意狐假虎威，连忙加派人手组成三国联军。三国联军在莘地（今山东省聊城市）跟齐顷公的队伍相遇。现在，该到了约战环节。

春秋时期是个贵族社会时期，即使是打仗，大家说话也是客客气气，非常优雅的。齐顷公率先派人请战："哎哟！劳烦您带着贵国国君的军队来到我们小小齐国，我国士兵虽然没啥用，但也请明天早上决战。"

晋国人也很客气："鲁国、卫国是我国的兄弟，他们的使者来告诉我国国君，大齐从早到晚在他们的国土上撒气，我们国君仁慈，实在是不忍心，所以派下臣来向大齐讨个说法。同时，我们国君不允许军队长期待在贵国的领土，因此，我们只能前进，不能后退，您的约战我们一定会照办的。"

见晋国人也是正面硬刚，齐顷公心说，气势上咱不能输了，又派人前去致辞："大夫同意开战正符合我的心思，即使不同意，我也要打你们。"

齐国人在齐顷公的带领下，都不带怕的，高氏家族的高固率先耍帅，单车就往晋国军队里冲，一边冲一边扔石头，结果抓了不少人。带着满车的俘虏，高固巡视军营，继续去感染其他士兵："想要勇气的可以来找我

知识加油站

春秋时，齐国攻打鲁国和卫国。晋国为了援助鲁国和卫国，派郤克统率晋军，与鲁、卫两国军队，进入齐国境内。齐军中有一员勇猛的大将，名叫高固，他单独驾了一辆战车，用大石头砸中一名晋军将官，并俘虏了他。高固立了战功，想显露一下自己的威风，便在齐营里一边驾着战车跑，一边扬扬得意地高喊："谁需要勇气，快来买啊！我还剩下很多的勇气没有用完，可以卖给别人！"这便是成语"余勇可贾"。

与齐顷公相关的成语有：灭此朝食、无能为役等。

● 令人大跌眼镜的奇葩人设

买，我还有好多剩下的！"成语"余勇可贾"便出自这里。齐国士兵一看，纷纷跃跃欲试。

第二天早上，双方在鞌（ān）地开战。齐国军队临行前，齐顷公动员士兵干完了敌人才能干饭："弟兄们，今天灭了他们再来吃早饭。"成语"灭此朝食"出自这里。

齐国士兵听到号令，心里想的全是吃早饭的事，所以越战越勇，不一会儿，晋国郤克就被乱箭射伤了，疼得嗷嗷直叫："哎哟哎哟，我受伤了！"

司机解张白了一眼郤克："仗一打起来就有箭射穿了我的手肘，我把箭折断后继续在给你驾车，血流得车轮子都被染黑，我说什么了吗？"

感觉前面说得太生硬，解张又补充说："您是主帅，我军的旗鼓都在我们这辆战车上，敌军和我军的耳目都是紧盯着我们的，我军要看我们的旗鼓选择进退，敌军要看我们的动向判定胜负，要是我们都退缩了，咱们晋军就完了。何况，想出来打仗的是你，打仗就要有必死的决心啊，现在你只是受了伤，还没死呢，hold 住！"

在解张的坚持下，晋军的主帅车长驱直入齐军，旁边助威的鲁、卫两国军队紧随其后，渐渐地，形势开始转变，齐军慢慢被冲散，三国联军取得了全面胜利。

逃跑也要跑出自信的步伐

自信的魅力还没展现完，齐顷公成了逃跑的君王。结果，在逃的路上，齐顷公还要表现。当时，晋国的司马韩厥正在追齐顷公，司机邴夏一边开车一边眼观六路,指挥齐顷公说:"射那个驾马车的,他一看就是君子。"

"知道是君子还射他?多没礼貌!"齐顷公不干,反手就把韩厥的车左和车右两箭射死。韩厥大惊,一边开车一边对着天念念有词:真是谢谢爸爸。

原来,在出征的前一个晚上,韩厥曾梦见死去的爹对自己说,作战时千万不要站在左边或右边,所以,他选择了当司机。可惜,齐国的姜太公却没有同样显灵,韩厥临死搭载了另外两个玩丢了战车的人,又凑成了一辆战车的配置,还在玩命地对齐顷公紧追不舍。眼看着就要被追上,趁韩厥低头把车里的两个尸首放稳的当口,齐顷公的车右逢丑父为了保护齐顷公,趁机跟他调换了位置。人倒霉起来,什么都跟你作对。齐顷公马车疯狂逃跑的时候,左右两边的马被树绊了,只好停车休息。逢丑父抓紧时间睡了一觉,忽然一条蛇爬了过来要伤人,逢丑父忙跟蛇作斗争,结果手被咬伤,更提不起力气把马车推出树丛。就在这时,韩厥带人包围上来。

韩厥很礼貌,下车对逢丑父下拜,还献了点礼物。齐顷公和逢丑父双重迷惑,但很快就想明白了。"逢丑父,你去给我打点水来。"逢丑父率先发声,对一旁的齐顷公说。齐顷公终于明白过来,原来刚才调换位置后,韩厥错把逢丑父认成他了,就趁此机会赶紧溜了。

接着,韩厥把逢丑父抓去献给了郤克,想帮领导发泄多年的积怨,正等着被夸呢,谁知道,郤克走近一看,暴跳如雷:"你这是抓了个什么玩意儿?"这哪是齐顷公,齐侯的样子化成灰撒满地他都能拼凑认得。好啊,既然逢丑父要替领导受难,就杀了吧。

逢丑父一听,心说凉了,但还是要挣扎一句:"唉,从今以后再没有人愿意替国君受难了。"郤克一听,杀了一个忠君的人毕竟不吉利,只好放过逢丑父。

这边,齐顷公逃走后,第一件事就是叫上齐军护卫,再入敌军去找逢丑父。因为担心逢丑父遭遇不幸,齐顷公心急如焚,在晋军中杀得三进三出,齐军也紧密地簇拥在他身边保护,敌军完全不敢近身,不过,仍然没有找到逢丑父。齐顷公无奈,只好回到都城临淄,沮丧地承认失败。

晋鲁卫三国联军一路追到齐国境内,面对兵临城下,齐顷公只好说服自己把高贵的头暂时低一下,派国佐到晋国割土地并送礼物求和。不过,就算是输惨了,齐顷公也还是傲娇自信,跟使者说:"如果晋国人不同意,那他们爱怎样就怎样。"

国佐到了晋军营地后,郤克果然不同意这个投降条件:"我要那个嘲笑了我的女人。"国佐心说,这你可不能办到了:"那个女人是我们齐侯的母亲,按辈分,也是晋侯的母亲,我们敢给,你敢抓吗?如果你们实在不接受,那我们也只好收拾残众,再干一架呗。"

郤克还在不甘心呢,鲁、卫两国赶紧跑来劝,如果把齐国得罪惨了,等晋国一走,下次倒霉的还是他们这些老邻居。最后,晋国只好接受礼物,又追加了若干条件,接受了投降。可怜的齐顷公,尽管信心十足要"灭此朝食",可最后,齐国全军都没能吃上那一天的早餐。

历史面对面

顷公曰:"驰之,破晋军会食。"射伤郤克,流血至履。克欲还入壁^①,其御曰:"我始入,再伤,不敢言疾,恐惧士卒。愿子忍之。"遂复战。战,齐急,丑父恐齐侯得,乃易处,顷公为右,车絓^②于木而止。晋小将韩厥伏齐侯车前,曰"寡君使臣救鲁、卫",戏^③之。丑父使顷公下取饮,因得亡,脱去,入其军。晋郤克欲杀丑父。丑父曰:"代君死而见僇,后人臣无忠其君者矣。"克舍之,丑父遂得亡归齐。

——《史记·齐太公世家第二》

注释 ①壁:营垒。②絓:通"挂",绊住。③戏:讥讽、嘲弄。

原文品读

顷公说道:"迅速向前冲,打败晋军后会餐。"齐军射伤了郤克,血都流到了他的鞋上。郤克想撤退回到营垒中,为他驾车的人说:"我刚进入阵地,已经负伤两处了,并不敢说自己受伤,因为怕士兵们恐慌。希望您能忍耐一下。"于是郤克又投入了战斗。交战中齐军形势危急,逢丑父担心齐侯被晋军俘虏,所以就和齐侯换了位置,顷公站在了右边,战车被树木绊住停下。这时晋国的一员小将韩厥匍匐在齐侯车子的前面,对齐侯说"敝国国君派我来救鲁国、卫国",他这是在讥讽齐侯。逢丑父让顷公下车取水喝,顷公得以逃走脱身,回到齐军阵中。晋国的郤克想杀掉逢丑父。逢丑父说道:"我替国君去死却被杀戮,从此以后再也不会有忠于国君的臣子了。"郤克就放了他,逢丑父这才得以逃回齐军中。

"士可杀不可辱"原来是真的

　　"士"是非常特殊的社会阶层。"士"在上古是掌刑狱之官。商、西周、春秋为贵族阶层，多为卿大夫的家臣。战国时期，"士"这个社会阶层走上了政治舞台，这些人有的出身贫寒，有的是已经衰微的贵族后裔，他们凭借自己的才华周游列国，宣扬自己的政治主张，实现了个人的人生价值。"士"阶层有独特的精神追求和价值信念，"士为知己者死"等信条深深影响着后人。

谁祖上还没阔过呢

关于"士"的格言很多，最著名的，就是"士可杀不可辱"。从语气可知，"士"是一个品格极高，自尊心比天高的人群。因为，比起死亡的未知、可怕、虚无，他们更怕被侮辱，这种价值观，生活在享受大过熬日子的社会里的现代人，恐怕难以理解。

那么，士是一个什么样的群体？为啥会产生这种价值观？

在中国的西周时期，天子施行"封建亲戚，以蕃屏周"的制度，把亲戚、功臣分到各个需要管理和镇压的地方，称为诸侯；诸侯得到百里的土地，再扩张一二后，自己一双眼睛一双手脚也管理不过来，于是将亲戚或一些依附于自己的功臣细分到各个地方上，协助统治，这些人就是卿或大夫；卿大夫们的事务也很烦琐啊，日理万机也处理不过来，他们也需要拉些内亲外戚作为助手，这些人就是家臣，家臣也就是士。所以，周王朝的社会层级大小关系是这样的：天子＞诸侯＞卿＞大夫＞士。这些人都属于贵族阶级。

这里面，即使是最低级的士，上溯起来，祖宗很可能是一国之君，差一点的也是宰辅之臣。还原当时的降等规则如下：

一国之君，死后谥号是某某公，所以他的儿子叫公子，公子在一个国家里，不管优秀与否，都有权利和义务当大官，也就是卿大夫级别；公子的儿子，是公的孙子，所以叫公孙，公孙里的长孙基本继承爹的官职，其他开枝散叶的那么多公孙，各凭本事，混个大夫基本不是问题。儿又生子，子又生孙后，一代代下去，公孙再后面的贵族，以及各类旁支贵族，就沦为士了。

所以，别看士是最低级的贵族，往上追溯，都有一个阔祖宗。

这就是周朝"尊尊亲亲"的社会体系，所谓"宗亲社会"，大家说起来都是亲戚。

作为一个贵族，我们太骄傲了

虽然几轮子子孙孙无穷匮也之后，士阶层多如狗，遍地走，但士好歹隶属贵族阶级，也有自己需要承担的义务。

在西周到春秋时期，士的基本义务就是入仕，跟老百姓的义务是耕种一样。需要入仕为朝廷做事，就必须学习一定的当官技能，就像老农需要知道天时节气、何时插秧、如何浇水、怎样锄草一样，都是立身需要学习的技能。

士的学习内容有六项，也就是著名的"六艺"：礼、乐、射、御、书、数。

礼是贵族打交道所必须具备的礼仪，如果不懂礼，在贵族之间行走交流，就会被人嘲笑很 low 很土。

乐是一些雅乐、正乐，贵族出差或打仗、外交时期会用到。自古以来，在外交场合都很慎重，大家说话也都藏着掖着，不直接告诉你什么意思，而是弹一段音乐唱一段诗，让你猜猜我的心。如果心灵契合，一猜即中，那么合作合同很容易签订，如果你傻愣愣地什么也听不懂，听完不知道怎么对答，在当时人看来，你就是个大傻冒，谁愿意跟傻冒多说话？

射和御是当时打仗必须要掌握的技能，从西周到春秋时期以战车作战为主。一辆战车上配备三个人员,首先,这辆车怎么开?老司机就得出场,站在正中央驾车,这就是御者;其次,车子左边得有个射手,远距离射击敌人,射一般都是由主帅充当;右边的人拿着戈盾,近距离搏杀,如果车子陷入泥潭的时候,老司机开不出来,车右就有义务下去推车。所以,学好射、御,就是士人往上晋升的条件之一。当然,礼乐学得好,也可以在外交场合大放异彩,从而得到升迁。

至于书、数,表示不能是文盲,得自己能书写、能说道,还要了解一点天文地理方面的算术关系。比如,两国交战时期使者互相叫阵,贵族与贵族之间交流,大家都是文化人,即使明天就要战场上见,递交的外交辞令,也必须写得或说得非常温和。不能直说"我要揍你",得说什么"我们国君派我们来这里,命令我们不能长期待在贵国的土地上,而且只许前进不能退后……"意思就是,我们来了,要打你们,而且动作会很快,还不会打败。因为,我们只会前进,退后的是你们这些战败者……就是说,大家即使要吵架,也要把话摆成玫瑰花的样子,看起来美观,且并不显得不可一世。可见能"书"的重要性。

总的看下来,如果礼乐书学得好,属于现在的文科,射御数,属于理科?No,属于武功。也就是说,一个士不能偏科,必须文武双全。

古代分化的"士农工商",其实士和农工商完全不是一个档次,正常情况下,农工商就是底层平民,也就是《论语》里常说的"小人",几乎不可能跨越阶级成为士这样的贵族,他们之间是一条纲常鸿沟。

士的朋友圈,只有贵族阶级,他们的修养、学识、人脉,都是社会上顶级的。所以,孔子成为士以后,可以不用"能行鄙事"(铲牛粪、拔草、耕田等），"十五而有志于学"，一心一意开始学习了，这简直是质的飞跃。

上面提过，士必须参加打仗，这在当时并不是件倒霉事，而完全是身份的象征，可以代表国家出战，有机会建功立业，那些"农工商"想要去还去不了呢！

这样全能的士，能不骄傲吗？

你侮辱我，我就去死！

关于士的骄傲，你可别不信，鲁国有个叫臧坚的士人，就实实在在表现了一把什么叫"士可杀不可辱"。

鲁国和齐国相邻，虽然长期通婚，却是一个锅里的锅碗瓢盆，经常磕磕碰碰。因此，齐鲁间时不时就要爆发一些边境小争端。

鲁襄公十七年，齐灵公闲着没事决定揍鲁国一顿。其实齐国知道自己一口气吞不下鲁国，也清楚这会儿吃了的将来说不定一场诸侯会盟又要还回去，可他们就是喜欢偶尔打鲁国一顿，展现一下曾经的霸主威风。另一方面，齐灵公不服气当时的中原霸主晋国，而鲁国是晋国的忠实追随者，打鲁国，等于戳晋国的小心脏。

齐灵公亲自带兵攻打鲁国北部边境，包围了桃地。齐国上卿高厚毫不示弱，在防地包围了鲁国大夫臧武仲。当时臧武仲在鲁国很受欢迎，太后喜欢、执政卿季孙氏也很爱护，于是鲁国紧急派出臧家军带领 300 名精兵勇将前去夜袭齐军，营救臧武仲，终于把他给解救了出来，但是，救援并不是那么顺利，臧家有人就掉队了。

语文老师陪你读《史记》奇葩大会

知识加油站

　　成语"士可杀不可辱"出自《礼记·儒行》，原文是："儒者可亲而不可劫也，可近而不可迫也，可杀而不可辱也。"意思是儒者的刚毅是吃软不吃硬，动之以情、晓之以理可以，你胡搅蛮缠、要挟威迫却行不通，宁可去死，也不愿受侮。本文中的臧坚，就是这样一位宁愿死也不愿受辱的"士"。

　　与齐灵公相关的成语有：悬牛头，卖马脯等。

齐灵公觉得继续耗下去没什么意思，带着少数俘虏回到了齐国临淄。

打了胜仗的齐灵公很高兴，虽然算不上大获全胜，但也抓住了臧氏的臧坚，小有战绩。

臧氏一族是鲁孝公的后代，在鲁国可以算是资深贵族……想到这里，齐灵公忽然有些慌了，臧坚从贵族沦为阶下囚，会不会想不开呢？"士可杀不可辱"，这句话当时大家都知道啊！

虽然抓了鲁国人，但齐鲁自鲁桓公以后世代通婚，齐灵公娶的老婆就是鲁国的颜懿姬，给他生下太子光的又是颜懿姬的媵妾、鲁国的声姬，而鲁国此时的太后是齐国嫁出去的穆姜，臧氏中的臧宣叔续弦夫人又是穆姜的侄女……所以，算来算去，都是自家亲戚。齐灵公赶紧派身边最亲信的宦官夙沙卫代表自己前去慰问臧坚，劝他不要自杀。

夙沙卫领命前去，自然好言好语安抚了一番，可臧坚完全不领情，看着夙沙卫的脸色也越来越差。

夙沙卫越是滔滔不绝地讲活着的好处和人生大道理，臧坚越觉得受了侮辱。最后，臧坚终于绷不住了，对着齐灵公的方向磕了个头说："感谢齐侯，虽然齐侯赐我不死，但故意派个宦官来对我一个士讲大道理，这不是侮辱我是啥？"还没等夙沙卫反应过来，臧坚拿起地上的小木桩猛戳自己的伤口，很快就死了。

夙沙卫一头雾水，这到底是谁侮辱谁？

臧坚的死，现在看来有点神经质，但作为一个贵族阶级，要接受一个宦官的开解，这难道不是最大的侮辱吗？身为学贯六艺的士，还不够资格和智商自己想通道理？没比这更侮辱人的了。

历史面对面

齐人以其未得志于我故，秋，齐侯伐我北鄙。围^①桃。高厚围臧纥于防。师自阳关逆臧孙，至于旅松。郰（zōu）叔纥、臧畴、臧贾帅甲三百，宵犯^②齐师，送之而复。齐师去之。

齐人获臧坚。齐侯使夙沙卫唁之，且曰："无死！"坚稽首曰："拜命之辱！抑君赐不终，姑又使其刑臣礼于士。"以杙（yì）抉其伤而死。

——《左传·襄公十七年》

注释 ①围：包围。②犯：侵犯、偷袭。
③杙：小木桩。

原文品读

齐国人由于没有在侵略我国（鲁国）中得到满足，秋天，由齐灵公亲率军队攻打我国北部边境，包围了桃地。高厚在防地包围了臧纥。鲁军从阳关出发接应臧纥，行至旅松。郰叔纥、臧畴、臧贾领着甲士三百人，趁夜里偷袭齐军，把臧纥送到旅松，然后又回到防城。齐军离开了鲁国。

齐国人擒获了臧坚。齐灵公派夙沙卫去安慰他，并讲："不要寻死！"臧坚叩头说："谨此拜谢君王的好意！然而君王赐我不死，却又有意派个受过刑的人对我这个士人表示慰问。"用一根木棍刺进伤口而死。

我有个大胆的想法

楚灵王，楚共王的次子，杀了他哥哥的儿子和孙子，自己当大王，是春秋时期"有权任性"的典型代表。即位不久，大会诸侯，硬生生地将一场和平会盟演变为兵围吴国，并且杀死了吴国的名人庆封。一年后，又想借和晋国联姻的机会羞辱晋国。后来又灭了自认为毫无意义的陈国，杀死了感觉挺讨厌的蔡灵侯。收割完这一波，楚灵王又派兵围徐，威胁吴国。正所谓多行不义必自毙，他的三个亲弟弟，以及其他亲属联合起来造反，最后被迫逃亡的楚灵王在荒郊野外上吊自杀。通过楚灵王"奇葩"的一生，我们应该能得到一个道理——大王也不能"任性"啊！

● 令人大跌眼镜的奇葩人设

只要跪得好，王位跑不了

楚国郢都，楚共王正摸着脑门犯愁。由于王后没生儿子，楚共王很纠结，将来楚国的大业，应该交给谁继承比较好呢？现有的五个儿子，好像水平都差不多，谁都不那么出色。有人建议，不如交给上天决定，咱们做个测试。有选择困难症的楚共王欣然同意了。

测验的方法很简单，拿出一块吸收了天地精华的玉璧放在祖庙的席子下，让五个儿子分别去祭祖，谁的身体部位碰上玉璧，就说明上天选了谁。

这天，楚共王的五个儿子：长子王子招、次子王子围、老三子比、老四子皙、老五王子弃疾按次序进拜，他自己则在一旁围观老天的暗示。王子招率先进去祭拜，巧了，膝盖正好跪在玉璧上，楚共王心中一沉，才开始就结束，难道就这么定了？不过，说好要祭祖的戏还是要做完，王子招出门后，老二王子围进来，"扑通"跪了下去。"嗯，离玉璧还远，他没戏"，楚共王在背后默默感叹。接着，王子围开始拜了下去，胳膊肘刚好碰上玉璧，楚共王一惊，"这这这，难道子围也有机会？"

王子围拜完，子比走了进来，从下跪到下拜，都没挨着玉璧半分。接着是子皙，同样无缘玉璧。"看来，竞争就在老大和老二之间了。"楚共王喃喃自语。大司命在一旁提醒："还有小公子没跪呢。"楚共王笑了笑："弃疾嘛，也让他玩玩算了。"

为何楚共王似乎看不上王子弃疾呢？说完，王子弃疾被抱了进来，完全不明就里的王子弃疾睁大眼睛四处张望，看见楚共王，忙伸手要抱抱。"宝宝，跪下，快跪下，磕头，磕头呀。"在奶妈和老师的指导下，王子弃疾跪了下去，又爬起来扑通再跪，两次都压住了玉璧。

回了宫，楚共王又犯难了，老天这是给我玩排除法呢？从五选一变成三选一，还是很难选啊。又拖了几年，眼见身体健康每况愈下，楚共王终于做了一个艰难的决定，"有嫡立嫡无嫡立长"，王子招被册立为太子。

楚共王领盒饭后，王子招即位，就是后来的楚康王。那么，王子围和王子弃疾当初碰到了玉璧算怎么回事呢？老天就这么给了个虚假暗示吗？别急，上天从不开玩笑。

楚康王干了十几年后，也追随先辈去了，儿子王子麇即位，聘叔叔王子围当令尹，也就是楚国的军政一把手。王子围越看越觉得大侄子没啥本事，不如自己能干，于是，赶在一个国君生病的当口，王子围冲进王宫，杀死了大侄子和两个侄孙，自己登基为王。王子麇死后没有进楚国国王的谥号系统，被称为楚郏（jiá）敖。而蛰伏了这么多年的王子围，终于完成玉璧暗示，当上了楚大王，也就是后来的楚灵王。

现在，是楚灵王表演时间。

住口，再说就把你变成肉包子

刚当上大王，楚灵王就想学习偶像齐桓公，当一次霸主，把小弟们都召到家门口开会。当然，楚灵王之所以能这么干，也是有例可循的。前面楚康王在位时期，晋楚双方曾牵头在宋国举办了第二次弭兵之会，会上申明，世界从此进入和平时期，晋楚双方互相承认彼此的大哥地位，扈从诸侯小弟们则都要两边朝拜，所以，楚国召诸侯来会盟，也算是正规程序。为了表示诚意，楚灵王对中原霸主晋国也发了邀请，希望晋国能来参与这次友好的大会。而到时候，在楚国地盘上让晋国人认怂，承认楚国为老大等若干黑操作，就可以随机上演了。

晋国群里炸了锅，有人骂楚国不要脸，有人建议揍他们去，最终，大家还是决定冷处理，以晋国很忙没空出差为由拒绝了。坚定跟着晋国混的鲁国和卫国听说晋国不去，也不肯去给楚国当小弟，纷纷假装没收到通知。宋国虽然一直在中原圈子里，可离楚国实在是太近，别人不去，躲得过初一也躲得过十五，宋国要是不去，分分钟就是挨打的命，只好勉为其难派了个大臣去参加。不过，初次开会就有这样的规模，楚灵王并没有不满，每天都是一副骄傲的孔雀的样子。

会盟刚搞完，大家准备各回各家各找各妈的时候，楚灵王笑了："不许走。"把大家叫来，他还有任务分配呢。既然楚国是大哥，那么，接下来楚国要出去教别人做人，诸侯的军队就必须跟着一起去壮声势，哪有大哥打仗，小弟不参与的道理？

由于弭兵之会的观念还在，当时，楚国最主要的敌人已经不是晋国，而是身边的吴国了。楚灵王不等诸侯各国的反抗，拉上他们就要去打吴国，一些诸侯国君忙趁机开溜，把执政卿留在这里，相当于该国派人参与了。于是，大家只能从和平使者变成将军，一起兵围吴国。楚灵王率领诸侯联军打到吴国边境一个叫硃方的地方，那里正好有个国际名人——庆封。庆封是齐国"崔杼弑其君"中的男二号，后来在齐国反攻联盟的驱逐下逃亡国外，来到了吴国，被吴王赏了块地方生活。庆封不生产包子，也不是包子，跟楚灵王硬刚了一段时间后，被诸侯联军团团围住，变成了俘虏。

楚灵王很讨厌庆封，毕竟，杀了国君的人在国际上都得不到好评，所以，楚灵王决定灭了庆封一族，在灭之前，还要侮辱他一下。庆封被关在牢车里，拉到联军里巡游了一遍。楚灵王不屑地看着庆封："来，当着大家的面大声跟我念：'大家不要学习齐国的庆封，杀了国君欺负他家小娃，还逼大夫们跟自己盟誓，这种人超恶心的。'"

庆封一听乐了，楚灵王哪来这么大的勇气？扯开嗓子喊道："大家不要学习楚共王的庶子围，杀了他哥哥的儿子，自己当大王，这种人超恶心的。"

一时间，所有人都憋红了脸，想笑不敢笑。楚灵王气得满脸通红，忙叫手下赶快干掉庆封，让他彻底闭嘴。嘴炮一时爽，全家火葬场，齐国的庆氏家族彻底灭绝。

楚灵王，有权任性的典型代表。

被怼了，好尴尬好羞愧

过了一年，楚灵王决定向晋国提亲，加强双方关系。这是晋楚有史以来第一次联姻，双方已是盟友关系的情况下，晋国也没理由拒绝，答应了求婚。第二年，晋国国君按规矩亲自将闺女送到边境邢丘，然后委托中军元帅韩起充当使者把公主送去楚国，最有名望的叔向作为副手，一起去送亲。路过郑国的时候，郑国子太叔和叔向是朋友，见他们毫无戒备，忍不住提点叔向："楚王是个不按常理出牌的人，你们要小心哦。"

叔向不以为然，我们只要不失礼，好好地把公主送到楚国，楚王再想乱来也没理由啊！

那么，事情按照叔向的预想发展了吗？

楚国郢都，楚灵王紧急召开国内高层会议："各位都听说了吧？晋国这次来的一个是上卿，一个是上大夫，嘿嘿，我有个大胆的想法。"众人屏住呼吸，想听听楚灵王又要闹什么幺蛾子。楚灵王接着说："晋国，向来是我们的仇人，我想，只要我们开心，管他那么多，所以，我打算把韩起和叔向抓起来，一个给我们楚国看门，一个阉了做内官首领，这样肯定能羞辱晋国吧，哈哈哈哈哈哈。你们觉得可行吗？"

话音刚落，底下一片寂静，接着是一片哗然。谁也没想到，楚灵王向晋国求婚，原来为的是抓别人的上卿。所有人都知道这样做不行，却不敢发言。太宰薳（wěi）启强艺高人胆大，第一个开腔："可以啊，咋不行呢？"听到这里，其他人一脸蒙，楚灵王则笑开了花，静听薳启强分析事件的可操作性。薳启强接着说："韩起手下有赵成、中行吴、魏舒、范鞅、智盈；叔向手下有祁午、张趯（yuè）、籍谈、女齐、梁丙、张骼、辅跞、苗贲皇，一个个都是国际型人才，这两个人，都出身于晋国根深蒂固的大家族，光他们的族人加起来，战车估计就有几千辆，老大要是想把我们这帮人都送到晋国大牢里去当俘虏，觉得这样才高兴，那就干吧！没啥不行的。"

咦，楚灵王越听越不对劲，心想，这哪儿是羞辱晋国，分明是在讲楚国要被羞辱，脸唰地就红了，赶紧打断薳启强继续一张一合的嘴："不谷之过也，大夫无辱。"我错了，我错了还不行吗？你别再说了，别羞辱我啦。

大家知道楚灵王一贯是这样的人，想法一直很大胆，但如果遇到反对意见和正面怼，他也总能很快认识错误。经过薳启强的正话反说，楚灵王终于没对韩起和叔向怎么样。

楚灵王，你是否有很多问号？

过了一段时间，想起隔壁陈国存在着好像毫无意义，楚灵王派已经长大的小弟王子弃疾去灭了；又过了两年，感觉蔡国好像也挺讨厌的，于是，楚灵王写信请蔡灵侯过来开派对。蔡灵侯刚到，楚灵王拼命劝酒，没一会儿蔡灵侯就喝多了，这一醉，就再没了知觉，被楚灵王杀死在异国他乡。

收割完这一波，楚灵王决定再去隔壁徐国捅一刀。在等待军队凯旋的消息时，楚灵王突然又有几个想法冒出来："我有一个大胆的想法。"众人一听，嘿，又来了。

见大家都在望向自己，楚灵王眉飞色舞地说："我想要周王室的鼎，他们不会拒绝吧？"手下人又是一轮大惊失色，当初楚庄王问鼎中原，可是分分钟被王孙满给怼了回来呀，大王的功业还不如楚庄王，这不是找难堪吗？楚灵王笑呵呵地继续说："据我所知，齐、鲁、晋、卫四个国家受封的时候，周王室都给了他们宝器，凭什么我楚国没有？我现在伸手找他们要，他们会给吗？"

一个叫仆析父的人忙说："肯定会呀，齐国是周王室的舅舅，鲁、晋、卫都是叔叔，现在别说这四个国家，就是周王室也得听大王您的，怎么会舍不得一个破鼎呢？"

楚灵王一阵哈哈哈哈哈，又问："郑国人也很讨厌，当初许国怕被郑国打，投靠我们，我们好心分了块地方给许国人住，结果这地儿也被郑国抢走了，至今也不还给我们，好不识趣，我现在准备去要回来，他们会给不？"

仆析父说："肯定会呀，周王室都不敢不给鼎，郑国哪里敢不给地？"

"哈哈哈哈哈，我拿下了陈蔡，在那增兵驻防，诸侯国怕我们不？"楚灵王继续问。

"怕得要死呀。"仆析父回答说。

"哈哈哈，析父真擅长谈古论今啊！"楚灵王高兴地总结道。谈话还没结束，工尹路跑了过来，请楚灵王去看用玉做的斧柄。

《左传》里这段对话的回答者是右尹子革，仆析父只是在旁边陪同。《子革对灵王》，是中国历史上的散文名篇。事后，仆析父质问子革，为什么要这样纵容领导的肆意妄为，谁不知道咱领导是个说他胖他就喘的人呀，你的认可，等于在怂恿他膨胀啊！子革说，这不我还没说到重点，他就被人叫走了吗？等会儿继续。

楚灵王看完玉斧，回来继续跟子革聊天，没一会儿，子革果然把话题扯了回来，狠狠地提醒了楚灵王一顿，把楚灵王说得愣了半天没出声，作了个揖跑回寝殿歇息了。接下来一连好几天，楚灵王不吃不睡，时时都在回想子革的话，反省自己是不是太过分，有些想法是不是太大胆了。

缺点很明显，优点也亮眼

可即使这会儿克制了冲动，过了一会儿，一个大胆的想法又冒上心头，总是难以自制。因为太任性，大多数人都觉得，楚灵王不仅不能自制，别人也难以说服，所以，与其提心吊胆地过日子，不如提前送他下台。终于，找了个楚灵王在外面打猎的机会，王子子比、子皙、弃疾三个亲弟弟，以及无数个被他欺负和迫害过的人的亲属联合起来造反，占领王宫，杀死了楚灵王的几个儿子。

消息传来，楚灵王心痛得摔下马车，喃喃自语："别人爱自己的儿子，也和我一样吗？"驾车的人如实回答："普通人比大王更爱自己的儿子，我年纪大了没儿子，以后可能死了都没人埋，要被丢在山沟里了。"楚灵王不禁感叹："唉，我杀了那么多别人的儿子，能不得到这个下场吗？"没多久，对世界充满失望的楚灵王上吊自杀。

其实，很多时候，楚灵王是个很可爱的人，他能听别人的劝告，也从不报复直言顶撞自己的人。当初，楚灵王还是王子的时候，曾和一个叫穿封戌的人争功，穿封戌在作战中活捉了郑国的皇颉，王子围非说是自己捉的，在一番暗箱操作下，公证人做伪证，把功劳判给了王子围，气得穿封戌破口大骂黑暗，抽出大戈就去打王子围。后来王子围即位，故意把穿封戌叫来问："如果你知道有今天，你还会跟我争功吗？"

穿封戌毫不示弱："要知道你能当大王，我拼了命也要安定楚国。"意思是，要知道楚灵王会造反杀大王，他一定会拼死反抗，先把楚灵王办了。不过，楚灵王并不生气，既不追究当初穿封戌拿戈追打自己，也不恼怒这次的强硬，还把陈地封给他，让他在那儿当长官。可以算虚怀若谷了。

不过，楚灵王最终也是死在了这种奇葩操作上。他经常杀了别人的父亲，对他儿子却不错，占了别人的土地，又把这人留在身边任用，于是，这一帮心怀不满的人组成了复仇者联盟，把楚灵王送上了绝路。

而在楚灵王自杀后，当初年纪最小的王子弃疾要了个心眼，把三哥子比和四哥子晳吓得自杀，自己登上了王位，就是后来的楚平王。现在，当初碰了玉璧的几个王子，相继当了楚王，玉璧的暗示，算是完全应验了。而也正因为历史的走向按此发展，这则玉璧的预言，才被史书原原本本记录在案。

历史面对面

王曰："齐、晋、鲁、卫，其封皆受宝器，我独不。今吾使使周求鼎以为分，其予我乎？"析父①对曰："其予君王哉！昔我先王熊绎辟在荆山，筚露蓝蒌，以处草莽，跋涉山林以事天子，唯是桃弧棘矢以共②王事。齐，王舅也；晋及鲁、卫，王母弟也：楚是以无分而彼皆有。周今与四国服事君王，将惟命是从，岂敢爱鼎？"灵王曰："昔我皇祖伯父昆吾旧许是宅，今郑人贪其田，不我予，今我求之，其予我乎？"对曰："周不爱鼎，郑安敢爱田？"灵王曰："昔诸侯远我而畏晋，今吾大城陈、蔡、不羹，赋③皆千乘，诸侯畏我乎？"对曰："畏哉！"灵王喜曰："析父善言古事焉。"

——《史记·楚世家第十》

注释 ①析父：楚国大夫。②共：通"供"，上贡、供给。
③赋：军队。

原|文|品|读

灵王说："齐、晋、鲁、卫，他们受封时全部接受了宝器，唯独我楚国没有。现在我要派使者到周都把九鼎作为分封楚国的宝器，周王室能给我吗？"析父回答说："会给大王的！从前我们的先王熊绎在遥远偏僻的荆山，乘坐着柴车，穿着破旧的衣衫，居住在荒郊野岭之地，跋山涉水前来侍奉天子，那时只有桃木弓、棘枝箭进贡给周王室。齐国国君，是周王的舅父；晋君以及鲁君、卫君，是周王的同母弟弟：楚君因此没有得到分赐的宝器而他们却都有。周王室如今与这四个国家都服侍国君您，会对您唯命是从，怎敢吝惜九鼎呢？"灵王说："从前我的祖先伯父昆吾居住在旧许，如今郑国人贪图那里的田地，不给我，如今我去求取那块地，郑国人会给我吗？"析父回答说："周王室都不敢吝惜九鼎，郑国又岂敢吝惜旧许那块地呢？"灵王又说："从前诸侯们都疏远我国而敬畏晋国，如今在陈、蔡、不羹大修城池，都拥有一千辆战车的兵力，诸侯们现在会敬畏我吗？"析父回答："敬畏呀！"灵王高兴地说："析父善于谈论古事啊！"

汉文帝：对自己抠门，对别人大方，是一种什么样的心理

课前读史三分钟

汉文帝刘恒，西汉第五位皇帝，即位之后，他励精图治，兴修水利，厉行节俭朴素，开启"文景之治"。汉文帝究竟有多节俭呢？通过《史记·孝文帝本纪》我们可以得知，从吃穿住行到自己最宠爱的慎夫人，文帝都很"抠"，就连修建陵寝这样的大事，也不能多花一分冤枉钱。就是这样一个抠门皇帝，也有对人大方的时候，那个人就是邓通。文帝不仅经常赏赐邓通财物，还让他开采铜矿，铸造"邓通钱"。无独有偶，宋文帝刘义隆也是这样一个"抠门皇帝"，而且巧合的是刘义隆只对潘淑妃舍得砸钱，这难道就是对爱的人才格外大方吗？

● 令人大跌眼镜的奇葩人设

167

悲惨的童年

对自己抠门，对别人却很大方，看到此句，朋友们纷纷表态："巧了，我也是。"

一点都不巧，因为，几乎大部分人都这样，不分古今中外。

究其原因，有人说，对自己很抠的人，通常有个苦出身。文景之治中的汉文帝刘恒，算是典型的例子。

文帝从小苦惯了，打小就被他爹刘邦一脚踹到了北边苦寒之地——代地。

代地在今天的山西省，当年和匈奴是邻居。俗话说，千金买户，八百买邻，摊上匈奴这样的邻居，代地人民很是弱小可怜又无助。

刘邦初定天下，封的第一个代王是他二哥刘仲，刘仲到了山西，以为从此要变土皇帝，结果却因为邻居关系搞不好，时不时被匈奴插上小红旗圈地，只能化身"刘跑跑"，卷起铺盖跑了。

大汉朝跌倒又挨拳头，祸不单行。这边被匈奴插小旗，刘邦愤而亲征匈奴，却被困白登山，只能选择和亲的方式解决争端。一波刚平，那边继任代王陈豨又扯大旗造反，刘邦好不容易收拾妥帖，这才把四儿子刘恒丢到代地守边去了。

虽然有老爹帮忙清扫路障，刘恒和他的代国，还是动辄受到匈奴的欺负，只能拼命周旋，从小就学会了穷人的孩子早当家。平时他妈薄姬的教育也是收敛式，所以，刘恒养成了内秀性格。

刘邦死后，嫡母吕后也不是啥慈母型，又打算将刘恒改为赵王。刘恒急中生智，以愿意为嫡母守边为由，婉拒了。

到被命运砸中，刘恒继任皇帝，这种紧巴巴的风格得以放大，于是历史上多了位手抓芝麻也不漏的抠门皇帝——汉文帝。

做我老婆，裙子不能拖地

文帝抠门到什么程度呢？跟你我的尿样也差不多。

首先，文帝不肯给自己买衣服、买鞋。衣服穿破了，就让皇后给打几块补丁，缝缝补补又三年。鞋子只穿草鞋，上朝办公也露着脚趾，让大臣们看到好上行下效。

其次，文帝不肯给自己装修房子。《史记》记载"即位二十三年，宫室苑囿狗马服御无所增益"，可以说细致到生活的方方面面，都只用刘邦时留下来的旧玩意儿，没给自己添置一样新品。

再次，文帝不肯给媳妇儿们买衣服、买化妆品。皇后窦氏虽说不是素面朝天，也几乎没几件像样的首饰。最宠爱的慎夫人，勉强能穿得高端大气上档次一些，但要求衣服也不能拖地，房间里帷帐不能有刺绣。总之，不浪费国家一块布料！

文帝拼命发扬送走客人再做午饭的作风，好在，汉朝还没发明泡面和酸奶，否则，他一定是个吃泡面喝汤、喝酸奶舔瓶盖的人。

有一次，文帝难得膨胀，想给自己修个露台。大手一挥买买买是不可能了，文帝的心思就像我逛商场，看折扣，看价格，总是"我再看看"。说着，文帝召来了技术工匠，问这项他即位以来最大的工程，大概要花多少银子。

工匠摆摆手，银子？不够不够，得上金子，约莫要一百金吧。

一听要花这么多钱，文帝差点骂人。我节俭治天下，小本经营，玩不起这么大的，算了算了，不修了。

当皇帝当得这么可怜巴巴，真让人恨不得穿越，朝他碗里丢一毛钱，免得说看客们铁石心肠，一毛不拔。就连死，文帝都紧巴巴计算着，不能动大工程，不能有华丽的陪葬品。堪称到死都不肯放过自己。

真爱一个人，就要舍得为他花钱

不过，文帝虽然是个一毛钱攥出汗来的吝啬皇帝，但对某位心爱之人，舍得得很。

知心爱人叫邓通，王婆说的"潘驴邓小闲"中的邓，就是这位款爷。

文帝和邓通的相遇，属于天网一线牵——某天文帝做梦，梦见自己就要上天，和太阳肩并肩，但差了一步上不去，恰巧这时，邓通闪身出来，顶了一把，让文帝飞天成功。

因为茫茫云海见了一次，文帝下令搜遍皇宫寻找邓通，封他为"托帝天王"。

邓通从小家里穷，得到皇帝爱重，恨不得蹲点侍奉，哪怕皇帝看他辛苦，让他调休，他也大步不迈，只想待在皇宫伺候。文帝见了很兴奋，这小子，就在我身边等着扶我飞天呢？

皇帝高兴了，最常见的表达方式就是赏赐钱，可文帝是个抠门的主儿啊，给钱不肉疼吗？那是对自己和普通人，对邓通，文帝是床单做尿布，大方着呢。

知识加油站 汉文帝让善于看相的许负给宠臣邓通相面,得到了邓通将来会饿死的预言。汉文帝十分忧虑,把蜀郡严道的一座铜山赐给邓通,允许他自己铸钱。文帝死后,景帝即位,首先便把邓通革职,追夺铜山,并没收他的所有家产。可怜富逾王侯的邓通,一旦落难,竟与乞丐一样,身无分文,最后真应了许负的话,饿死街头。

与邓通相关的成语有:不名一钱等。

● 令人大跌眼镜的奇葩人设

十几次的赏钱加起来,邓通身家高达亿万钱。好不容易从贫农跻身成为中产,邓通却被算命婆婆预言,将来是饿死的结局。文帝听了想打人,身为皇帝,让谁有钱让谁穷,这点本事还是有的。

文帝直接拨了两座铜山给邓通,让他跳出朝廷范围,可以自己开山铸钱。这下,全天下都知道了,邓通是"真家里有"。

文帝有权任性,也就仅对邓通一人。

抠得精细,爱则大方

历史上还有一位以节俭出名的皇帝,那就是宋文帝刘义隆。巧的是,宋文帝也姓刘,也是文帝,俗称"刘抠门二世"。就连请群臣吃顿饭,刘义隆都要画大饼,而不给实际的。

刘义隆自己抠,对老婆也抠。他大老婆叫袁齐妫,是家里庶女,地位比较差,亲娘生活很穷苦,当上最尊贵的女人后,袁齐妫经常找皇帝发红包接济娘家。刘义隆也比较喜欢发妻,但因为是著名的抠门帝,每次也就给个三五万钱。袁齐妫以为这就是皇帝的处事风格,是他的治国之道,因此也很满足。

日子过久了,可能就有了七年之痒。皇帝移情别恋,爱上了小老婆潘淑妃,但刘义隆良心尚存,一边对潘淑妃爱得深沉,一边下令全宫上下必须瞒着皇后,在袁齐妫面前,他表现的还是个三好丈夫形象。

不巧的是,按下葫芦浮起瓢,宫人隐瞒得再严密,也总有背地里咬耳朵,被皇后听到的时候。收到消息的袁齐妫当然不肯信,但同一件事说了三次以上,任谁都要怀疑。袁齐妫决定试探一把。

还是求发红包的事，袁齐妫请潘淑妃出面向皇帝索要生活费，数额在自己的基础上乘了十倍。潘淑妃接受任务，完成得很完美。早上求的，晚上钱就到了房间，满满一屋金光闪闪，三十万钱一毫不差。

原来，抠门的人并不是事事抠门，吝啬的人并不是对人人都小气。对爱的人，他们比你爹还大方。

袁齐妫顿时气得脑充血，表示宝宝有病，宝宝不适合见人，断绝了和刘义隆的会面，没多久就因怨气而死，死前还给赶来的刘义隆来了个长长的死亡直视，然后把被子拉上来盖住了脸。

以上两位"抠帝"，大方施与的群体或是他们的爱人，或是对自己有用的人。管中窥豹，可以说，大凡对自己抠门、对别人慷慨的普罗大众，不管是幼年贫苦的背景，还是正处在恋爱阶段，或是面子问题，都可以概括为"讨好型人格"。

有人看见"讨好"一词，就以为是低声下气，奴颜媚骨，以为是王熙凤式的面面俱到，却没有真心。事实上，我们说的"讨好型人格"，恰恰更接近无私。

唐玄宗李三郎任用韩休为宰相的时候，韩休这种钢铁直男完全不顾皇帝面子，看什么不爽就直言不讳地当面怼，搞得李三郎这也不行，那也不对，活活被逼出了厌食症和抑郁症。左右的人都说，陛下是皇帝，却被一个宰相搞得这么苦，把他赶走呗。

唐玄宗虽然痛苦，却说："吾貌虽瘦，天下必肥。"有韩休在，虽然我看起来瘦了，但天下会富裕起来。而且，有韩休帮我看着帝国，我睡得踏实。

唐玄宗的讨好天下，在对皇帝毫无制约的帝制时代，显然是无私的。

而且，这种讨好型人格，并非单指讨好他人。

说到底，讨好别人，也是在满足自己，因为，咱施与的对象是自己心甘情愿的，那么，他开心了，我们自己也舒心，讨好别人的同时，我们或得到了实质的回报，或得到了心理上的满足。

之所以"讨好"，之所以不让他人失望，正是为了不让自己将来回想起来觉得愧疚、留有遗憾——那时，我怎么没有对他更好一点呢？

而对自己，我们是要和自己相处一辈子的，所以大多数时候，平常即可，能过即可，无所谓每天三饱两个倒，喂得春风得意。即使稍稍清贫一点，自己跟自己讲道理，也是件容易的事嘛。

历史面对面 MIAN DUI MIAN

孝文帝从代来，即位二十三年，宫室、苑囿、狗马、服御无所增益，有不便，辄弛以利民。尝欲作露台，召匠计之，直①百金。上曰："百金中民十家之产，吾奉先帝宫室，常恐羞之，何以台为！"上常衣绨（tí）②衣，所幸慎夫人，令衣不得曳地，帏帐不得文绣，以示敦朴，为天下先。治霸陵③皆以瓦器，不得以金银铜锡为饰，不治坟，欲为省，毋烦民。

——《史记·孝文帝本纪第十》

注释 ①直：通"值"，价值。②绨：一种粗厚光滑的丝织品。③霸陵：汉文帝的陵墓。

|原|文|品|读|

孝文帝从代国来到长安，在位二十三年，宫室、苑囿、狗马、服饰、车驾都没有增加过，有对百姓不便的禁令，就废止来便利百姓。文帝曾想要修建露台，召来工匠计算费用，价值一百金。文帝说："一百金相当于十户中等人家的产业，我奉守先帝的宫室，经常担心使先帝蒙羞，还修建露台做什么呢？"文帝平时穿着粗丝衣服，他所宠爱的慎夫人，也不准穿拖地的衣服，宫室的帷帐不准刺绣花纹，以此表示敦厚简朴，为天下做表率。文帝修建霸陵，随葬品都用瓦器，不准使用金银铜锡为装饰，不修筑高大的坟丘，想要节省财物，不去烦扰百姓。

你不在人间造反，也是想在地下造反

　　周亚夫是西汉开国功臣绛侯周勃之子。在他做河内郡守时，有个擅长看相的妇人许负预言："您会封侯，还会被升为丞相，但最终会因饥饿而死。"但是周亚夫根本不相信这些话，直到因为继承爵位的哥哥被削爵，他承袭爵位后，才将信将疑。虽然周亚夫为人耿直，做事认真，深得文帝赏识，但随着时间推移，景帝即位后，一切发生了变化。周亚夫的"直男"表现，在景帝眼中，就是跟自己叫板呀！那还了得，周亚夫最后不仅被撤职下狱，还让许负预言成真，饿死狱中。

算命的说我会被饿死，怎么办

如果说，"士可杀不可辱"的故事是春秋贵族之间的傲气，那么，这种傲骨在中国文化血脉里从未间断过，比如西汉的周亚夫，就是传承人。

周亚夫是绛侯周勃的二儿子，因为排行老二，所以他没有权利继承家里的爵位，只能单独外干，去河内郡做了郡守。

河内，这里可有一个大名人——看相界的祖师爷许负。周亚夫也听说了她，闲着没事儿的时候，就把许负请到家里为他看相算命。

许负来到郡守府，上看看下瞧瞧，又转着圈儿地观摩了一下，终于有把握地开口了："可惜呀，可惜。"

周亚夫心生不屑，这不是战国那帮游说之士的开口腔吗？怎么看相的也用上了？且看看她要怎么危言耸听。

许负接着说："郡守爷，看相的不说假话，好听的不好听的，您暂且听着，我这就把您的人生履历给你剧透一下。三年以后您会被封侯，再过八年您会当上将军和丞相，这就是你人生的巅峰了。但是，在九年以后，您的命运急速滑坡，将来不得善终，是个饿死的命哟。"

周亚夫听了哈哈大笑，开始找许负话里的漏洞："首先，我爹绛侯的位子，已经传给我大哥了，要是他死了，将来也是他儿子来接他的班，我周亚夫哪有资格成侯爷？退一万步讲，我相信你这句吉利话是真的，既然如此，我都这么富贵了，将来又怎么会饿死呢？怎么解？"

许负也不恼周亚夫的不信任，而是平淡地解释了一句："您的面相，显示你就是饿死的命。至于怎么走到这一步，这就要看您自己喽。"

虽然人生已被剧透，但周亚夫并没有把这放在心上。且看哥哥周胜之当下热闹的人生，就知道这事儿不靠谱呀！周胜之先继承了绛侯爵位，又根据汉朝皇室与功臣后代联姻的法则，迎娶了汉文帝的女儿，可谓一帆风顺。

那么，神算子许负失算了吗？

两年后，周胜之突然被宣布废除爵位。发生了什么事？原来，周胜之虽然娶了公主，但两人感情不和，可以说对加强与皇室的关系一点作用都没起到。后来，周胜之又犯了杀人罪，按汉朝律法，他的爵位被废，整个绛县的封地，也被国家收回去了。

面对这一系列变故，周亚父不禁想起了许负的话，可绛侯的爵位还是没轮到自己就被撤回了呀？难道侯爵是自己打拼出来的吗？

抱着这样的心理，周亚夫工作更努力了。

果然，只要努力，就会有回报。一年后，文帝感慨周勃的功劳，不忍心让他的封国结束，就打算从他的儿子里再找一个平时得到五星好评最多的人来继承爵位。这一来可体现人格魅力了，朝廷里大家都推荐周亚夫，就这样，汉文帝封周亚夫为条侯，继续绛侯香火。

喜悦的心情还没体验够，惊恐的情绪又跃上心头。从许负算命到现在，正好是三年，而自己最终要走向饿死的悲剧啊！难道一生的命运，从出生时期的长相就已经决定了？不知道去哪里整个容，能不能解决问题呢？周亚夫在心里调侃了自己两句。

对看相这件事，周亚夫始终不那么相信。他相信的是，现在自己已经得到朝廷的认可，接下来就要更奋力地工作了。

怎么命运好像真的被安排好了？

汉文帝后元六年（前158），汉朝的老邻居匈奴又一次大举入侵边境，文帝紧急调遣防御部队，有一支驻扎在霸上，一支驻扎在棘门，还有一支在细柳的，就由周亚夫统兵。

有一次，汉文帝亲自去慰劳军队，到霸上和棘门的时候，皇帝的车马一路长驱直入，军营里上上下下的人都骑着马夹道相迎，一片欢愉和谐的景象。于是，下一趟转去细柳营。谁知道，周亚夫竟然差点让汉文帝吃了闭门羹。

当文帝的先驱部队来到细柳营的时候，细柳营的军官身披铠甲，手持利刃，张弓搭箭拉满弦对着外面。

先驱赶紧下马禀报皇帝来了，可细柳营的军门都尉说："我们将军说了，在军中，大家只听将军的命令，不听皇上的诏令。"先驱还在那争吵呢，文帝的车驾到了，问是怎么回事。门卫也是个称职的，看见皇帝来了，还是不肯放行。文帝一边欣喜，一边无奈地拿出符节，说天子要劳军。门卫派人回禀以后周亚夫这才下令开了大门。

汉文帝的司机刚准备扬鞭驾马，守卫士兵马上叫停了皇帝的司机和随从，说将军规定军营里面不准快马奔驰。汉文帝听了，忙命人把缰绳拉住，车马缓缓前进。

天子到了细柳营也得听军令。虽然在军营里处处受了掣肘，但文帝是个知理豁达的皇帝，并不因此生气，反而感叹："周亚夫才是真正的将军！在霸上和棘门看到的简直就是儿戏。"

知识加油站

　　汉朝初年，匈奴屡犯边境，汉文帝派周亚夫为将军，驻军细柳，以防备侵扰。文帝亲自去慰劳军队。到达细柳军营，军中的将士都披挂铠甲，手拿锐利的兵器，并阻拦文帝的车马。直到文帝派使臣持符节诏令说皇帝要慰劳军队，才得以进入。到了军营，周亚夫手拿武器拱手说："穿铠甲、戴头盔的将士不能跪拜，请允许我用军礼参见皇上。"文帝因此深受感动，感叹说："这才是真正的将军呀！"

　　与周亚夫相关的成语有：从天而降等。

● 令人大跌眼镜的奇葩人设

这就是高中课本里学过的"周亚夫军细柳"的故事。

不久，周亚夫就升职了，成了中尉。在文帝快走完自己的人生时，还跟太子说，以后要是遇到什么危难的事情，周亚夫可以担当重任。于是，新上任的汉景帝又给周亚夫升官了，这一次是车骑将军。当将军的预言，也实现了。而且，景帝确实很信任周亚夫。

汉景帝三年（前154），汉朝爆发了著名的七国之乱，也就是一些被切了蛋糕的王爷起来造反了。景帝忙派周亚夫平叛，为了让周亚夫镇得住场，他的职位又升为了太尉。太尉一职，离丞相只有一步之遥了。

七国之乱的时候，王爷们打不到京城，就想抓住窦太后最心爱的儿子、汉景帝的亲弟弟梁王刘武开刀，于是几路诸侯都在围攻梁国。梁王听说周亚夫军队已经到了荥阳，派人求救，说自己快挡不住了。谁料，周亚夫根本不搭理。他的计划是这样的：让梁王辛苦一下，抵挡住叛军的主力队伍，汉朝来的平叛军队则偷偷跑到叛军后方去烧粮草，断他们的后路。但梁国那边已经是十万火急，每天都有人去向周亚夫求救，可周亚夫有自己的行军策略，愣是装作没收到消息。

后来七国之乱在梁国的坚守之下，在周亚夫率领的汉军的突袭之下，终于被平定。

有了这么大功劳，周亚夫终于再进阶，走向了人生巅峰的丞相之位。

专业怼皇帝

海水有涨潮落潮，人生也有涨势和落势，在攀登顶峰以后，周亚夫也为自己积累了不少怨气。比如梁王刘武是恨死他了，一有机会见到太后，就要说说周亚夫的坏话。而周亚夫的性格也不是那么讨皇帝喜欢，他就是个钢铁直男，在汉景帝因为个人偏好要废太子刘荣时，作为丞相，周亚夫觉得自己有责任有义务出来为皇家稳固根基，于是好几次顶撞汉景帝，跟皇帝叫板，虽然如此，还是没能驳回景帝的决心。而且，让景帝自此"变心"，开始烦他了。

有过好几次这种我指东你非往西的事情后，虽然周亚夫觉得自己是一颗忠心为皇帝，可在汉景帝眼里，他完全是在恃功而骄，不把自己放在眼里了。

后来又有一次，匈奴一个小王因为在匈奴受气，带了五个人来投降汉朝，汉景帝为了鼓励外族积极仰慕汉文化、加入汉朝大家庭的举动，准备给这五个人封侯。结果，周亚夫又出来唱反调："在咱们这里，他们是投降的人，可在匈奴那边，他们可是叛臣呢！"然后质问景帝，连叛臣都封侯，那我们拿啥去责备那些不守节的臣子呢？

言外之意是，你鼓励别人投降，怎么知道汉人就不会投降到别人阵营去呢？虽说按居住条件，汉朝肯定胜过匈奴百倍，但怎么确保汉朝不会有其他想住在水草丰美、世外桃源的？如果我方人员投降过去做了叛臣，我们也要鼓励吗？

虽然周亚夫是站在人臣角度考虑，可景帝得站在国家大局上对匈奴投降的人给予好处，否则，人家为啥要留在你这儿？于是，景帝直接说："丞相的话不能用。"随后就把匈奴五人都封了侯。这对骄傲的周亚夫来说相当于直接打脸。

一生气，周亚夫就气病了。当然不是真病，而是借着生气装病，罢工了。景帝一瞧，一个臣子脾气居然这么大？不禁也怒火上头，既然你生病不能总揽朝政，那就干脆退位让贤吧！便趁机把周亚夫的丞相一职给撤了。

俗话说，宰相肚里能撑船，皇帝就应该更大度了，可对于汉景帝和周亚夫这对君臣来说，他们都是度量不大的人。

景帝以为，砸了他的饭碗，他就会服软认错，可一连好几天过去，周亚夫毫无反应，心安理得地在家里"养病"，好像从罢工变成了离职。于是，景帝忍不住了。

有一天，景帝在皇宫召见了周亚夫，赏他一起吃饭。不是他太想念周亚夫，而是，在景帝眼里，周亚夫已经目无尊上，藐视皇权，无法无天了。这样一个会打仗又傲视一切的人，如果因为不满产生了什么反心，对付起来就难了，所以，景帝决定测试测试他。

周亚夫应召入宫，谁知道，他座位前端的酒桌上只放了一块没有切的大块肉，也没有筷子。周亚夫知道皇帝故意要让自己难堪，心里很气，转头就吩咐旁边的人拿筷子来。景帝一直注视着周亚夫的一举一动，阴冷地笑着说："怎么？这些还不能满足你吗？"

周亚夫听到皇帝阴阳怪气、似有所指的质问，站起来脱掉帽子致礼，景帝以为他要道歉，也站了起来，谁料，周亚夫向来爱让皇帝出乎意料，脱帽行礼完毕后，他站起来就大步流星地朝宫外走去，留下景帝一个人风中凌乱。

看着周亚夫的背影，景帝终于下定决心："这个人这么容易对君王不满，以后定不会好好服侍小皇帝的。"

钢铁直男，害了性命

周亚夫感觉到了皇帝的杀心吗？自然没有。以前，他限制文帝的行动，对文帝只行军礼，文帝反而更器重他，现在只是不吃赐肉，怼了景帝几次，这种顶撞，微小到可以忽略不计吧？

他还真想错了。

景帝现在对他是有错要杀，没有错，制造错处也要杀。

正好，周亚夫的儿子给了皇帝一个很好的借口。当时很流行生前置办死后物品，为了孝顺爹，周亚夫之子在皇家造办处买了500件宫里人才能用的甲盾，作为陪葬品。东西一件件搬运到周亚夫府里，可他儿子办事实在欠妥，居然拖欠工人工资，让他们辛辛苦苦搬运却拿不到钱，于是，工人们一怒之下跑去官府告状，说周亚夫的儿子要造反。

景帝听到这个消息，大喜过望，忙派人去追查。办案的吏员跑去责问周亚夫，周亚夫白了他们一眼，心说你们也配责问我？根本不屑答话。官吏回禀皇帝的时候，景帝气得又放了一句狠话："我不会用你了。"然后让人把周亚夫抓到廷尉那儿受审。

廷尉收到皇帝的授意，开口就指责周亚夫要造反，周亚夫这才开口辩解："我买的都是死后的陪葬品，怎么造反？"

廷尉是专门审案子的，口才和逻辑都比周亚夫好，随口就给他扔了一顶大帽："哼，你买那么多兵器，就算不在地上造反，也要去地下造反！"这……难道廷尉还为阎王打工吗？

周亚夫被关进了廷尉监狱，这对一个曾经叱咤疆场的将军来说，实在是莫大的侮辱。他后悔当初廷尉来抓人的时候,想自杀而被老婆制止了,以至于现在要受这种羞辱。于是,他决定绝食。

突然,脑子里响起那段话:"君后三岁而侯。侯八岁为将相……其后九岁而君饿死。"真是一字不差啊!难道人的命运,真的是天生注定的?周亚夫绝食的第五天,傲气的他就这样把自己饿死了。

吏簿责条侯,条侯不对①。景帝骂之曰:"吾不用也。"召诣廷尉。廷尉责曰:"君侯欲反邪?"亚夫曰:"臣所买器,乃葬器②也,何谓反邪?"吏曰:"君侯纵不反地上,即欲反地下耳。"吏侵③之益急。初,吏捕条侯,条侯欲自杀,夫人止之,以故不得死,遂入廷尉。因不食五日,呕血而死。

——《史记·绛侯周勃世家第二十七》

注释 ①对:作答。②葬器:陪葬品。③侵:逼迫。

| 原 | 文 | 品 | 读 |

官吏依照文书的内容责问条侯,条侯拒不作答。景帝便责骂他说:"我不再任用你了。"于是下令将周亚夫交给廷尉处置。廷尉责问周亚夫说:"你真的想造反吗?"周亚夫说:"我买的器物是用来殉葬的,怎么能说我要造反呢?"狱吏说:"你就算不在地上造反,也打算到地下造反。"狱吏逼迫得越来越紧。起初,狱吏前来逮捕条侯的时候,他打算自杀,可是夫人制止了他,他因此没有死,紧接着就被关进廷尉府的监狱。因为周亚夫连续五天不吃饭,最后吐血而亡了。

杞人为什么忧天？
因为他们当年真的看过『天塌了』

课前读史 三分钟

"杞人忧天"的故事为我们每个人熟知，讽刺的就是那些为了没有可能发生的事情而担忧的人。实际上，这个故事的本义远没有这么简单。杞国人是夏朝大禹的后代，最早被封在河南杞县，后来迁到了山东境内。《列子》中"忧天"的人恰恰是杞国人，为何不是齐国人、秦国人、楚国人？很简单，因为杞国弱小，他们忧虑的真的是天塌地陷吗？可能作者的用意远远不止于此。老子崇尚"小国而寡民，老死不相往来"的政治状态，而那个时代是一个融合而混乱的时代，这种矛盾才是真正造就"杞人忧天"的原因。

杞人是打哪来的

《列子·天瑞》："杞国有人，忧天地崩坠，身亡所寄，废寝食者。"

《列子》向我们描述了一个杞国人，闲来无事喜欢抬头望天，然后开始担心天会崩塌，担心到睡也睡不好，吃也吃不香。谁知道，无意间发明了一个成语，让杞国一炮走红。

尽管古人并不知道宇宙大爆炸后，宇宙开始膨胀，导致星系之间越来越远——换句话说，我们看到的"天"是越来越"高"的——但他们仍然坚信，天是不会塌下来的，因此，杞国这个人被嘲笑了几千年，甚至成了瞎操心的代表。人们骂那些担心些不切实际的事情的人时，"杞人忧天"就是出镜率最高的成语。

那么问题来了，杞国在哪里？杞人为什么爱瞎想，或者说，为什么能想到宇宙奥秘那么深远？

《史记·陈杞世家》记载了杞国人的诞生："杞东楼公者，夏后禹之后苗裔也。殷时或封或绝。周武王克殷纣，求禹之后，得东楼公，封之于杞，以奉夏后氏祀。"

杞国人是夏朝大禹的后代，商灭夏桀后，分封了大禹后代为诸侯，等周武王克商，分封天下时，重新发布寻人启事，找大禹的后代继承爵位，延续夏朝一脉。为什么商、周都要找灭绝已久的国家再分封？

当时的社会流行"灭国不绝祀"，因为，每一个曾经享有土地建立过邦国的国家，其祖上必定出现过一些功勋卓著、对当时贡献极大的人物，而当时又流行人死以后依然可以享用食物的假说，因此，为了不让那些曾经伟大到"感动中国"的贤人当饿鬼，即使新的王朝建立，也必须让他们的后代能有举行正规祭祀的财力。

所以，周武王大封诸侯那次，首先就找了神农氏、黄帝、尧帝、舜帝、大禹的后代进行分封，"武王追思先圣王，乃褒封神农之后于焦，黄帝之后于祝，帝尧之后于蓟，帝舜之后于陈，大禹之后于杞。"

杞国就是在这样的情况下建立的。

有了这个前提，再看诸子百家爱嘲弄商人后裔宋国的共同习惯，就能理解为什么杞人也被编成了智商不够的段子——你要是聪明睿智无比，怎么会被灭国呢？

当然，除了调笑失败者，杞国人也确确实实经历了一下天塌地陷的"末日"现场。

杞人真的看到"天塌了"

杞国最早被封在河南杞县，西周末期迁到了山东境内，又武力占领并迁徙到了淳于，自此和齐鲁成了邻居。就在这里，杞人遇到了这场"天劫"。

《左传·鲁庄公七年》："夏，恒星不见，夜明也。星陨如雨，与雨偕也。"

那是在公元前某个夏天的夜晚，没啥夜生活的人们都准备睡觉了，忽然，天空大亮，黑夜如昼，一场流星雨倾泻而来（后来天文学家推算出来，这次流星雨是天琴座流星雨）。因为这场流星雨下得密集如雨，对天体现象不甚了解的古人都吓出一身冷汗，纷纷认为是天塌了，才导致"星

语文老师陪你读《史记》奇葩大会

知识加油站

成语"杞人忧天"出自《列子·天瑞》，告诉我们不要去忧虑那些不切实际的事物。寓言刻画了一个"杞国人"的形象，他头顶蓝天，却整天担心蓝天会崩塌下来，脚踏大地，却成天害怕大地会陷落下去，他还担心天上的太阳、月亮、星星会掉下来，惶惶不可终日，以致睡不着觉，吃不下饭。在别人耐心的开导下，他终于放心了，也开心起来。

与杞人相关的成语有：杞人之忧等。

陨如雨"。

流星雨过后，大部分国家恢复日常秩序，唯独处于最佳观赏地的杞国人始终忘不了这次"天塌"的警示。其他陨星能掉，难道头顶的太阳、月亮就不会落下来吗？天就不会重新与地合为一个奇点吗？杞国人无限扩散地想。

往上追溯，杞国的祖爷爷爷爷……辈的大禹时，还有一颗巨大的陨石没有燃烧在大气层之外，直勾勾地掉落在了地面上，砸了一个巨大的窟窿。夏人及其后代杞人因此口口相传：天可能真的会塌呀。

再者，因为古人相信"天人感应"，认为天地之间存在某些联系，人间哪里做得不对，不符合上天心意，上天就会降下预警——你要倒霉了。小小杞国很难不将自己对号入座。

杞人为何如此"忧天"

问题是，春秋时期诸侯国分布十分密集，山东境内，就挤了十几个诸侯，许多小国国君就相当于一个村长，大家都能看到这场流星雨，为何只有杞国人始终悬着心？

这就要说到杞国在春秋时期的尴尬处境。杞国在春秋时期的处境，也确实让人操心。

上面说过，杞国从河南来到山东，就和齐、鲁成了邻居，到了新的地方，自然要结交好四邻——弱国可以吃掉，强国必须结交——于是，杞人首先和鲁国建立了外交关系。

按春秋时期的诸侯朝拜礼，凡是结盟的国家，每五年小国就要向大国朝见一次。于是，鲁桓公二年，杞人来了，带着独有的仪式感来了……《左传》记载："秋七月，杞侯来朝，不敬，杞侯归，乃谋伐之。"

尽管杞侯按规则来朝见，但是他表现得很不礼敬，杞侯前脚刚走，鲁国马上商量着打他们一顿给点教训。从谋划到实施仅两个月，"九月，入杞，讨不敬也"，鲁国就打到杞国都城了。

《春秋》对军事行动有多种描述方法，比如有克、入、伐、取、侵、灭、平、获，等等。此处的"入"字，按解读《左传》的大师杜预注解说："造其国都曰'入'，弗地曰'入'。"意思是只进入国都烧抢了一番，没有打别的地方。鲁国也就跑来教训一下杞人的不礼貌而已。

但杞人不懂了，我好好朝见你，你怎么派兵打我？无奈打不赢鲁国，只好在第二年继续低头，向鲁国寻求和平。鲁国以为教训目的达到，接受和平申请，过了几年，两国还缔结姻缘，鲁国嫁了一位伯姬给杞国。

看到这里，你会觉得，杞国人很懂事、很善于委曲求全保护自己呀。

可问题是，过了79年，鲁僖公二十七年，杞国依然我行我素来了一次同样的操作："杞桓公来朝，用夷礼，故曰子。公卑杞，杞不共也。"

这会儿鲁国已经换了四代国君，杞国的桓公到鲁国朝见，表现得还是不礼貌、不恭敬。一场觥筹交错下来，鲁僖公气得饱饱的，秋天就又去打杞国了，"秋，入杞，责无礼也"。

到底为什么，杞侯来一次挨一次打？杞人的不恭敬具体体现在什么地方？这种细枝末节的事，史书没有记载，不过我们可想而知。

杞国虽是正宗夏人后代，算是华夏文明圈的一员，但一来因为夏礼本就和周礼不同，二来杞国所居住的地方靠近淮夷，久而久之也就沾染融合了一些当地的风俗习惯，于是，他们无论怎么行礼，一举一动，在鲁国人那里都有不恭敬的感觉。

礼仪的不同，风俗的差异，造成了两国国君的话不投机。

杞国很莫名，愣是没有反省出问题所在，只能一次比一次乖，在强邻环伺的环境里，永远跟着大哥、二哥、三哥们走。既要被霸主调度得东奔西走，参加各种联合国活动，又得小心翼翼侍奉周边的齐、鲁、莒等国，日子过得畏畏缩缩，很是辛酸。

生怕一个不小心，天就塌下来，砸向杞国这一方领土。

不过，杞人有幸熬过了春秋，在战国初年被楚国所灭。磕磕碰碰了多年的齐鲁都没吃到这块兔子肉，反而被老远来的狼叼走了。从此以后，杞人没空忧天了。

历史面对面

杞^①东楼公者,夏后禹之后苗裔也。殷时或封或绝。周武王克殷纣,求^②禹之后,得东楼公,封之于杞,以奉夏后氏祀。……立一年,楚惠王之四十四年,灭杞。杞后陈亡三十四年。杞小微,其事不足称述。

——《史记·陈杞世家第六》

注释
① 杞:古国名,姒姓。
② 求:寻求。

原文品读

杞国的东楼公,是夏朝大禹的后代。商朝时,其封国时断时续。周武王灭掉商纣王之后,寻求禹的后人,找到东楼公,把他封到杞地,以供奉夏后氏的祭祀。……简公即位这一年,是楚惠王四十四年(前445年),楚国灭掉了杞国。杞国比陈国晚灭亡了三十四年。杞国是个小国,其事迹不值得称道论述。

老公和老爹掉下『水』，救谁

课前读史 三分钟

女子出嫁后，应该站在父亲一边，还是选择站在丈夫一边？郑国的雍姬和齐国的卢蒲姜在关键时刻做出了不同的选择。郑国的雍姬，她选择救父亲，害了丈夫，留下一个成语——"人尽可夫"，被后人误解了上千年。当雍姬得知丈夫谋杀父亲的秘密时，她及时提醒父亲，让父亲免于一死。而齐国的卢蒲姜却"参与"刺杀父亲的准备工作，有人认为她利用父亲刚愎自用的性格特点，反将父亲，结果其父庆舍被刺杀，也有人认为她是真心劝阻父亲，究竟孰是孰非，现在也难以求证了。

几千年前就有的难题

"我和你妈同时掉下水,你先救谁?"这是时下非常流行的一句问话,女人总喜欢证明自己在爱人心中的重要性,甚至不惜和他的母亲进行较量,可大多数男人都极其反感这样的问题,回答与不回答都容易落人话柄。

先救女朋友吧,落了不孝的罪名,严重的可使母子失和;再者,若现任女朋友以后分手了怎么办,让人情何以堪?先救老妈吧,女朋友必定暴走。"我在你心里也就这样,分手吧!"所以,这个问题无论怎样回答都不讨好。

在吃了不少亏的情况下,渐渐地,男人终于想出了辙,答案也千奇百怪。

不服气型的说:"那我和你老爸吵架,你帮谁?"

玩笑型的说:"先救你,因为我老妈会游泳。"

最后直接演变到"一个都不救,我不会水,我老妈是游泳健将,她会救你"。如此一来,难题也就迎刃而解了,但男人们还是非常鄙夷女人用这样的题目来考验自己,因为老妈与老婆之间何必搞得如此水火不容,非要只选择一个?

可现实中,还真有人遇到了这种问题,在父亲和丈夫之间必须做出选择,这问题也就等于:"老公和老爹同时掉下水,救谁?"

遇到这个难题的人叫雍姬,雍姬是郑国人,姬姓,丈夫雍纠,按照在家从父、出嫁从夫原则,所以将她称呼为雍姬。

权力斗争就是翻脸不认亲戚

公元前 701 年，小霸主郑庄公去世，留下了一个烂摊子——诸公子争位。事实证明，在有王位继承的家里，儿子生太多也不好。

郑庄公去世后，名正言顺即位的是太子忽，然而太子忽仁弱，二儿子公子突好武，小时候最得郑庄公喜爱，在太子忽即位不到一个月时，弟弟就发动政变，联合境外势力宋国赶走哥哥，自己当上了郑国国君，史称郑厉公。

虽然顺利当上君主，可老爹郑庄公的领导班子一直不支持废长立幼，那些曾经跟着郑庄公干革命的前辈也都支持太子忽，所以，如果想顺利坐稳位子，就必须迅速剪除一切太子忽的支持者，让自己睡个踏实觉。

这些太子忽的支持者中，当数头号谋士祭足最让郑厉公忌惮。祭足早在郑庄公时期就是郑国总理，总管一切军国大事，如今又掌控着国家内外诸项事务，放在身边就像一枚定时炸弹。郑厉公心里明白，打小祭足就不喜欢他，喜欢踏实忠厚的哥哥，在他刚篡位成功的时候，祭足就曾想联合齐国攻打自己，实在是可恨至极，不除之，郑厉公每天提心吊胆，一看见他血压就开始飙升，一想到他，吃饭没胃口、睡觉不踏实、洗澡怕刺杀，为了自己的身体和心脏着想，郑厉公实在是不能忍受了。

让他消失！郑厉公心里一直有个声音这么对自己说。说办就办，当即郑厉公就找来了表弟雍纠，雍纠是他流亡宋国时期带回郑国的舅舅的儿子。为什么找来雍纠？一方面他是自己的表兄弟，算是在郑国的亲信，一方面雍纠还有一个身份是雍姬的丈夫，而雍姬是什么人呢？她爹就是他们谋杀的对象，祭足。郑厉公打的主意是，雍纠毕竟是祭足的女婿，女婿靠近岳父，机会多，而且岳父对女婿应该没有什么防范。

看着雍纠走进大殿，郑厉公笑嘻嘻地迎上前，拉着他就神秘兮兮地往内殿走，雍纠迷惑地看着郑厉公，一脸猜不透的样子。

郑厉公左右观望一下，开始对雍纠说悄悄话，主要内容就是吐槽他岳父太过分，如果除掉他，分赃和升官发财什么的都好说。郑厉公这么大胆地提出这个建议，就得面临两种情况，一是雍纠对岳父没什么好感，早就恨不得杀了老头；二是雍纠这个宋国的外来户将岳父家视作自己在郑国唯一的靠山，哪怕想往上爬，也不能够杀了岳父。这样一来，问题就严重了，郑厉公等于玩火自焚。

那么，雍纠是怎么想的呢？

雍纠一听，愣了好几秒没有说话，脑子迅速转动起来，思考这件事的利弊。虽说要杀的对象是老泰山大人，但是总理的位子更吸引他，当即就答应下来，两人还模拟了一番干掉祭足的计划，比如，把他约到郊区吃饭，没有家丁和守卫，适合下手。郑厉公哈哈大笑，开心得仿佛日子已经跳到了祭足死后高枕无忧的样子。

商量完，雍纠回到家，跟媳妇儿雍姬说家族很久没聚会，要约岳父大人第二天野炊，地点就定在某某郊外。雍姬一听，开始挺高兴，渐渐地就产生了疑惑，全家聚餐干啥跑到郊外去？直接到家里来不好吗？雍姬是个聪明女人，她似乎察觉到了什么，但也只是马上应承老公的话题："聚餐好啊，吃什么野味？"

见雍纠支支吾吾，雍姬很快就明白了，前脚老公才去见了国君，后脚就说要约老爹郊外野炊,事情显然并不简单,而郑厉公搞政变的一系列过程,她都曾亲历,在这件事上,老爹一直是不支持的,现在老爹和国君之间貌合神离,她多少也是知道的。难道,他们要对我爹下手?这么想着,雍姬进行了激烈的思想斗争,敷衍雍纠不让他发现蛛丝马迹后,晚上就回娘家去了。

"人尽可夫"原来是这个意思

一路上她都没想明白,如果事情真的到了老公和老爹水火不容的地步,该怎么选择呢?选老公,自己就成孤儿了;选老爹,自己就成寡妇了,哪个更难呢?到家后,雍姬拉着老妈说了会儿悄悄话:"娘,你觉得如果我爹和我老公一起掉进水里,该救谁呢?"

按照妇德,祭夫人应该马上教育女儿出嫁从夫的道理,比如侍奉好丈夫、带好孩子才是硬道理,不要想这些傻问题,可祭夫人不傻,听着女儿颠三倒四的问题,她似乎预料到问题的严重性,用毋庸置疑的口吻说出了中国历史上一个著名的成语——人尽可夫。

经过千百年演绎,这个成语早已跟祭夫人本来的意思相去甚远,后世多用它来形容举止轻浮、水性杨花、不守妇德的女性,说她们放荡的程度达到了是个人就可以当丈夫的地步。而祭夫人说这句话的原意,虽然也是表示每个人都可以成为丈夫,却没有任何贬义,她的原话是:"人尽夫也,父一而已,胡可比也?"

大街上那么多人,每一个没有血缘关系的人都可能成为你丈夫,可生你的老爹却只有一个,这是没法对比的。老公这种生物,要多少有多少,

语文老师陪你读《史记》
奇葩大会

知识加油站

　　成语"人尽可夫"出自《左传·桓公十五年》。春秋时期，郑国的大夫祭仲专权跋扈，郑厉公想要让祭仲的女婿雍纠刺杀他。谁知这件事被祭仲的女儿、雍纠的妻子知道了，救父还是救夫，雍姬犯难了。不过雍姬母亲的一句话点醒了她："人尽夫也，父一而已。"雍姬便舍弃丈夫，向父亲告密了。从"人尽可夫"的出处来看，本义跟现在的意思相去甚远。

　　与郑厉公相关的成语有：以儆效尤等。

要谁就有谁，老爹没了可就真没了。

雍姬一听，豁然开朗，瞬间明白了这层道理，至亲至疏夫妻，老公没了可以再找，原配没了可以再续，生自己的人只有爹啊！

跟老妈谈完话，雍姬走出来又拉着老爹悄悄地走进了内室："爸，雍纠那浑小子说要开聚餐的派对，又不在家里搞，非要去偏僻的郊外，我觉得这很不对劲，估计他跟国君搞了什么小动作，您衡量一下轻重吧！"

祭足曾是郑国第一谋士，现在年纪大了，智慧只会与日俱增，一听到这个消息，马上就知道了事态的严重性，也明白先下手为强的道理，于是，第二天，雍纠就这样被老婆出卖，死在了岳丈祭足手上。

郑厉公正密切注意着事情的动向，一旦得到祭足被杀这样普天同庆的消息，马上就派已经准备好的人奔走相告，然后大赦天下，举国同庆。当然，如果祭足真的死了，大赦天下的名义是为总理祈福，预祝他早登极乐，举国同庆的表现手法则是为总理开三个月的追悼会。

"报——"小卒急急忙忙地走到郑厉公的面前，郑厉公心都提到了嗓子眼，"快说！"

"报，报告国君。"卒子气喘吁吁，一口气说不完一句话。

"别废话，你倒是赶紧给个结果啊！"郑厉公已经迫不及待了，心情忐忑不安。

"报国君，祭总理杀了雍大夫啊。"

听到这个晴天霹雳，郑厉公一下瘫坐在椅子上，还没等气喘完，腾地又站了起来，对卒子大喊："快，快收拾东西准备跑。"

郑厉公又一次被赶下历史舞台，预备跑到其他国家去政治避难。可他始终不甘心,那天晚上不是商量得好好的吗?为什么如此天衣无缝的计划就被祭足知道了?难道他真的跟神一样,可以预先知道别人想干啥?一边跑,一边打听当天的情况,得知雍纠当晚曾和老婆商量过这事,郑厉公一拍大腿,不由得仰天长叹说出了一句带有性别歧视的话:"雍纠这个蠢货,啥事儿都跟女人商量,活该你被杀。"("谋及妇人,死固宜哉!")

就这样,这场"老爹和老公同时掉下水"的抉择,最终宣告老爹胜出。

史书没有记载雍姬后来的故事,变成寡妇的她后来又找了个怎样的老公,谁也不知道,换个角度想,如果别人知道她曾经出卖老公,协助父亲杀了自己的丈夫,还有人敢娶她吗?"人尽可夫"的说法还能实现吗?

雍姬的故事没过去多久,在齐国,又一位女性同胞遇到了同样的问题,她是齐国公族,姓姜,因为嫁给了卢蒲癸,随丈夫的氏叫卢蒲姜。

卢蒲姜:女孩的心思你别猜

齐国的故事有点复杂,还要从齐庄公私通大臣崔杼的老婆棠姜,被崔杼关门杀死说起。齐庄公虽然私德方面不地道,但作为国君还是挺合格的,对身边的人也不错,因此,他死后,不少人都为他鸣不平,甚至有不少人默默地谋划着要替他报仇,他们暗暗地组成了"复仇者联盟",要找崔杼和他的同伙庆封报仇,这其中就有一个叫卢蒲嫳的人。

卢蒲嫳是齐国公族,在齐国找工作很方便,他趁机打入敌人内部,和庆封混得火热,于是,他见缝插针地离间崔、庆关系,趁崔杼家因为继承人的问题祸起萧墙,忙劝庆封火上浇油,搞垮他们,坐收渔利。最终,崔杼的几个儿子果然在庆封的挑动下自相残杀，当初的美女棠姜也上吊自杀，崔杼绝望之下再找不到生存的兴趣，也抹脖子死了。

一把手死了，于是，齐国的第一发言人就顺延到了庆封身上。可庆封年纪大了，根本不想管那么多事，只想及时行乐。于是，他就把权力下放给了儿子庆舍，自己专心享乐去了。

卢蒲嫳为了把当初给齐庄公当保镖的哥哥卢蒲癸找回来，故意说了一通齐国政局复杂，比如除掉了崔杼，还有国氏、高氏、栾氏等老牌贵族虎视眈眈，所以提议尽量采取化敌为友的策略，把当初被崔杼赶走的人全部召回。庆封觉得很有道理，多一个朋友总比多一个敌人强，代表国家答应了，就这样，卢蒲癸和齐庄公的另一位护卫王何强势回归，当了庆舍的私人保镖，每天站在寝室里保护他。因为干得不错，深受信任，庆舍还把自己的女儿嫁给了卢蒲癸，也就是卢蒲姜。

有人疑惑了，周朝流行"同姓不婚"，卢蒲癸是姜家人，庆舍的女儿也是，这等于同宗，怎么能通婚呢？卢蒲癸心说，你知道啥，我这叫牺牲色相，曲线报仇。但这话不好说出口，只能说："同宗看好我，我又怎么能拒绝同宗呢？"

和庆舍结为翁婿后，搞垮庆氏的机会就更多了。

卢蒲癸先利用外部矛盾，挑拨庆氏和高氏、栾氏的关系，每天在朝廷发给他们的工作餐上做手脚，一天少供给好几样，好不容易有道荤菜，还只有汤汤水水。所谓千事万事，吃是大事，栾、高两家的家长自然不能忍，心里谋划着对付庆氏。

有人把情况报告给了庆封，庆封又跟自己的好兄弟卢蒲嫳商量，卢蒲婴说，这两人完全可以让他们在齐国消失，于是，庆封着手联系各路人，准备对付栾、高两族，谁知道，大家都不太搭理。

这边，把庆氏和栾、高的矛盾挑起来后，卢蒲癸和王何也在加紧活动。接下来，奇葩的事发生了。因为庆舍擅长占卜算卦，卢蒲癸和王何为攻打庆氏占了一卦，看顺不顺利，两人还把卦象拿给庆舍去解读，并说明是问报仇会不会成功。

庆舍看是自己专业上的事，很乐意帮忙解读，一看卦象，大赞："哇，这卦吉利，见到血了，肯定成功。"

既然有上天帮忙，卢蒲癸也敢放手大胆操作了，此后，他一天到晚找人秘密商谈，又到处准备盔甲武士什么的，活动得很频繁，这引起了一个人的注意——老婆卢蒲姜。卢蒲姜是个聪明人，看枕边人忙前忙后，显然是要发动战事，也不多废话直接问原因，卢蒲癸当然不敢说，支支吾吾，卢蒲姜故意威胁带诅咒："哼，有事瞒着我不说，肯定不能成功。"

卢蒲癸没吸取雍纠的教训，听老婆这么说，直接把整套计划告诉了卢蒲姜，连他们准备在祭祀太公庙的时候刺杀庆舍，由谁动手等细节都和盘托出。卢蒲姜听后，先是一愣，又感动于丈夫对自己的信任，便说了一句话，就是这句话，至今仍是个千古迷案。

卢蒲姜说："我爹是个怪脾气，他不一定会去参加祭祀，但是如果有人去阻拦他，他就会非去不可。"

卢蒲癸没怀疑，放老婆回家找岳父去了。和雍姬当初的情形一模一样。接下来，卢蒲姜很诚心地劝庆舍不要去，可越劝庆舍越不信，越说有危险，他偏想往虎山行，他倒要看看谁那么大胆敢刺杀自己。

那么接着就好办了，万事俱备，只等庆舍进太庙主持祭祀。虽说庆舍胆子大，但他不是傻子，还是做好了万全的防护才敢去"赴会"，让甲兵把王宫和太公庙团团围住。可庆舍万万没料到，这次不是一个人要刺杀他，而是全齐国的贵族联合要瓜分他的财产，赶庆氏下台。等于说，庆舍从走入太公庙，甚至从女儿卢蒲姜的劝说开始，他就已经走在大家策划好的套路里了。接下来，复仇者联盟的计划堪称天衣无缝。

当活动刚开始的时候，陈氏和鲍氏的人就行动了，他们让"弼马温"们表演马技，所以庆氏的马老是受惊，根本没法进行娱乐表演，于是，大家就招呼庆舍的士兵们解甲把马牵走系好，再回来喝酒看戏。趁他们牵马的当口，栾氏、高氏、鲍氏、陈氏提前准备好的士兵就赶紧穿上庆氏的马甲，装成庆氏的家兵。

准备妥当后，高氏的族长子尾在门上敲了三下暗号，一直紧随庆舍身后保护他的卢蒲癸马上抽剑刺向庆舍，同时，王何也抽出戈对他一顿猛打，庆舍整个左肩被打残，但求生的欲望让他迅速反应，他拼命爬到太庙的椽子上，还奋力向底下攻击的人扔祭祀的器具，砸死了好几个人。不过，庆舍最终失血过多而死。

远在郊区玩大型家庭伦理剧的庆封得到消息，气得发兵造反，但私兵们也不敢攻打国君，纷纷作鸟兽散，庆封只好带着剩下的人逃亡到别国去了。庆氏家族在齐国被连根拔起。

现在问题来了，当初卢蒲姜那么用心地劝阻庆舍，是真心焦急想劝住老爹，还是以对老爹的了解按套路激将呢？老公和老爹，她到底想选择谁呢？恐怕这个答案我们永远无法知道了。

历史面对面

厉公四年，祭仲专国政。厉公患①之，阴使其婿雍纠欲杀祭仲。纠妻，祭仲女也，知之，谓其母曰："父与夫孰亲？"母曰："父一而已，人尽夫也。"女乃告祭仲，祭仲反杀雍纠，戮②之于市。厉公无奈祭仲何，怒纠曰："谋③及妇人，死固宜哉！"夏，厉公出居边邑栎。

——《史记·郑世家第十二》

注释 ①患：担忧。②戮：杀。③谋：商议。

原文品读

厉公四年（前697年），祭仲独揽国政大权。厉公为此担忧，暗中唆使祭仲的女婿雍纠刺杀祭仲。雍纠的妻子，是祭仲的女儿，她得知此事后，对她的母亲说："父亲与丈夫相比，哪一位更亲近？"母亲说："父亲只有一个，但男人都能做你丈夫！"于是，祭仲的女儿就把这件事告诉了祭仲，祭仲反而杀了雍纠，并暴尸闹市示众。厉公奈何不了祭仲，生气地大骂雍纠："与妇人商议大事，死了也活该。"夏季，厉公被放逐到边境的栎邑居住。

尽管对我如初恋，我要杀你千百遍

本文的主人公豫让，是《史记·刺客列传》中的"知名"刺客（另外几位名人为：曹沫、专诸、聂政、荆轲）。豫让因为智伯的知遇之恩，便用"义"来回报他。由此可见，真正的"义"不是金钱所能换来的，是礼贤下士，才能得来的。当智伯被赵襄子杀死后，豫让发誓为智伯报仇，几次三番刺杀赵襄子，最后还因此丢掉了性命。"义"被儒家思想进一步理解和深化，成为中国文化中宝贵精神之一，对后世的影响也很大。

死亡诅咒，给谁打工谁灭亡

有些人，以古人的价值观看起来是守节大义，而在今人眼中，却宛如一朵奇葩。比如刺客豫让。

豫让生活在一个社会激荡变革的时代——春秋战国时期。也就是说，他既站在了一个时代的末尾，也站在了一个时代的开头。

豫让是解体前的晋国人，一直在晋国卿大夫家里打工，他先后换了好几任老板，有当时晋国最大的两大家族——范氏和中行氏，也有后来居上的智氏。

在范氏那儿打工的时候，范老板手下人才济济，豫让的专长没有得到任何发展。豫让想，是不是要跳个槽试试？于是炒了老板，跑中行氏那儿去了。结果，中行氏同样家大业大，来投奔的人没有一技之长，根本进不了大门，在这个卧虎藏龙的地方，豫让还是只能默默无闻着。豫让开始怀疑，也许不是老板的问题，而是自己的原因，于是他不再想着跳槽了，而是脚踏实地，扎扎实实地凭本事走到老板面前。

结果，还没等两家发现豫让的才能，范氏和中行氏与赵氏杠了起来，很有要消灭赵氏分蛋糕的趋势，这下可把晋国另外三个家族——智氏、韩氏、魏氏给惹急了。智氏生怕两家吞并赵氏后，权力制衡将被打破，忙主动联系韩、魏两家，一起阻止范氏和中行氏。就这样，春秋后期著名的晋国六卿——出场了。

这下局面可混乱了，本来是范氏和中行氏是二打一对抗赵氏，结果现在变成了智氏、韩氏、魏氏（赵家解除危机后开始作壁上观）三打二对付范氏和中行氏，三家稍弱的对两家最强的，战斗力差不多可以持平。不过范氏和中行氏后来走错了一步棋，终于导致一败涂地，被驱逐出了晋国。

现在晋国六卿只剩下了智、赵、韩、魏四卿，其中智氏又变成了四家中最强的。

前两位老板被赶走以后，豫让没有陪着他们颠沛流离，而是继续留在晋国，又换了一任老板——智氏。总之，豫让总要追随强者。

智氏的家长智伯瑶对豫让很看好，奉若上宾，待遇一应提高，豫让每天晚上做梦都能笑醒，好运终于轮到自己了。可是，后来的事大家应该都会抢答了：著名的春秋战国分水岭——三家分晋即将到来。问题来了，前面说过，这会儿晋国有四卿，那么谁将是在地图上被红叉划掉的那一个呢？答案再次呼之欲出，韩、赵、魏三家分晋。是的，智氏是接下来消失的一家。

智氏不是四家中最强王者吗？就是因为最强，所以智氏恃强逞凶，经常威逼另外三家，不是要土地就是要粮食，搞得大家愁眉苦脸。在又一次强征地盘之时，赵氏的家长赵襄子严厉拒绝了，智伯瑶不敢置信，蚂蚁也敢对大象说不？那就踩死它！智伯胁迫韩、魏两家一起出兵消灭赵氏，赵氏山穷水尽，旦暮之间就要灭亡，结果，最后时刻，赵氏派出名嘴偷溜出去搞外交，成功策反了韩、魏两家。于是，三家合起来，反过头倒把智氏给灭了。

灭了气焰嚣张的智伯，所有人都长舒一口气，赵襄子对智伯围困赵家大本营晋阳更是恨入骨髓，不解气的他把智伯的人头骨直接制作成了便器。

智伯放在心上的豫让去哪里了呢？继续投奔下一任王者赵氏？没错。

不过，这次投奔是假的。

智氏被灭后，豫让一个人逃到了山里，说了一句当时许多人的座右铭："士为知己者死，女为悦己者容。"并表示一定要为智伯报仇，不然死了以后都没脸见他。

不是在报仇，就是在报仇的路上

听说智伯的头成了赵襄子的小便池，豫让气得差点当场昏死过去。当即制订计划，改名换姓，投奔赵家扫厕所去了。为什么要扫厕所？不仅仅因为这个职位不惹人注目，更重要的是，不管多尊贵的人，上厕所总不会带着防备吧？而且，正常人每天都要上厕所，这是谁都躲不过去的必来之地。所以，在厕所里刺杀赵襄子的成功率一定更高。

果然，这天赵襄子来蹲坑了。才走进厕所，裤子还没脱，不知道是不是感受到了杀气，赵襄子忽然感到心里一阵悸动，顿时觉得不对劲，一把抓过旁边扫厕所的人问异常，不看不知道，一看吓一跳，原来这人是智伯家的豫让，袖子里还藏了把小刀。

豫让被逮了个正着，不藏着掖着了，当即大声宣布自己的计划："我要为智伯报仇！"

赵家人一听，这还得了，为死去的智伯报仇，那不就是要杀自家主公吗？于是纷纷准备杀了豫让。结果，赵襄子摆了摆手，要作作秀："哎呀！他也是个义士，不要杀他，我以后小心避着他就是了。"

于是这次赵襄子放了豫让。

按理说，虽然刺杀失败，但豫让曾经努力和行动过，也对得起智伯了。

加上赵襄子认出他，又释放了他，就算不把他当恩人，仇怨也可以就此化解了。可豫让是个顽固的人，他抱定了要为知己者死，那么，不死在这件事上，就算食言。

所以，没过多久，豫让反思了上一次失败的教训，想了一招更狠的，毁容式复仇大法——把漆涂在身上，让皮肤变烂，再吞炭烫哑嗓子，这样，赵襄子总认不出来了吧？

为了确保万无一失，在去找赵襄子之前，豫让还做了一个实验。跑到大街上去乞讨。果然，在街边乞讨了几天，他老婆路过都认不出来他。正当豫让觉得大功即将告成之际，有一个人来到了他面前："你不是豫让吗？"

豫让心里咯噔一下，抬头看，原来是多年好友。他不喜相逢，反而有点懊恼，怎么还是被人认出来了？他只好承认就是自己。

朋友看着他这副样子，不免心疼，给他支招说，让他假意跳槽去给赵襄子打工，以他的才华，肯定会受到赵襄子器重，等关系近了，再刺杀他不是更容易吗？

豫让有自己做事的准则，头摇得像拨浪鼓："如果我投靠他，只是为了杀他，这是不忠。我可不要成为以后不忠心报效国君的人的先例。"

老友没办法，只好叹着气走了。而被老友认出，豫让知道，毁容复仇计划再次宣布流产。但他并没有放弃复仇，又在赵家搞了无数次动静，都以失败告终。后来，他又想到一招，趁赵襄子出行的时候，躲在桥底下，然后冲出来突击刺杀。

语文老师陪你读《史记》奇葩大会

知识加油站

　　豫让，晋国正卿智伯的家臣。晋出公二十二年（前453年），赵、韩、魏联手在晋阳之战中攻打智氏，智伯兵败身亡，豫让为了给智伯报仇，多次刺杀赵襄子，甚至用漆涂满全身使自己面目全非，吞炭使自己的声音改变，最后暗伏桥下谋刺赵襄子未遂，为其所捕。豫让临死时，求得赵襄子的衣服，拔剑击斩其衣，以示为主复仇，留下了"士为知己者死，女为悦己者容"的典故。

　　与豫让相关的成语有：吞炭漆身、斩衣三跃等。

如此执着，确实奇葩

打探到赵襄子什么时候要出行，经过哪座桥等信息后，豫让提前埋伏好了。可结果，赵襄子的马车刚刚走到桥面上，前面的马大概感受到了桥底下的波动，顿时受惊大叫。赵襄子被豫让各种形式地刺杀多了，早就见怪不怪，心情毫无波澜地说了一句："肯定是豫让在下面。"

手下人跑到桥下面把人揪上来，一看果然是豫让。赵襄子有点不解了，豫让在那么多人家里打过那么多次工，比如他曾经的老板范氏和中行氏都是智伯灭的，他为什么不杀智伯，偏偏只为智伯报仇，非追着自己不放呢？

赵襄子诚心求问，豫让也不隐瞒，说："我给范氏和中行氏打工的时候，他们把我当普通人，所以我对他们也像普通老板。而智伯把我当国士对待，我自然要以国士的能力回报他。"

赵襄子听了，有点被感动，但他不是个心软的人，感动归感动，留个顽固的定时追踪炸弹在身边，着实不舒服，于是实实在在地告诉豫让："你为智伯做的努力，已经够你出名了。但我一再放过你，也做得够够的了。为了我自己，我现在不打算再放你了。"便命令左右的人把豫让团团围住。

豫让心想，这下完了，真的要下地府去找智伯了，可大仇还没报，下去了也无颜相见啊！于是他做最后的挣扎："赵老板，你前面放了那么多次，你的美名已经传出去了。事到如今，我很愿意去死，但我心愿未了，太遗憾了。求你把衣服脱下来让我戳几个洞行吗？这样也勉强算我豫让报了仇，下去了我也就安心做鬼了。"

听到豫让的临终祈求，完全没有一丝是为了自己，始终是忠于前领导，赵襄子也不忍心拒绝。再者刺刺衣服也不损害他一星半点，赵襄子就答应了。

豫让大喜过望，跳起来狠狠地戳了衣服三剑，然后喃喃自语："我下去以后跟智伯有交代了。"说完就一剑封喉，魂归混沌去了。

赵国一些游侠勇士听说了豫让的事迹，不自觉地眼中总是含着泪水："感人，太感人了。原来能感动得人热泪盈眶的不只有爱情，还有君臣之义！"

如果以当代价值观看待这则故事，早在赵襄子第一次放过豫让的时候，他就该收手了。智伯重视他，让他发现了独立人格和存在的意义，可赵襄子多次明知他的目的还放过了他，也相当于救了他的命，是他的恩人了。怎么能对恩人挥剑相向呢？豫让的固执和自毁，可谓奇葩。

历史面对面

　　顷之，襄子当出，豫让伏于所当过之桥下。襄子至桥，马惊，襄子曰："此必是豫让也。"使人问之，果豫让也，于是襄子乃数①豫让曰："子不尝事范、中行氏乎？智伯尽灭之，而子不为报仇，而反委质臣于智伯。智伯亦已死矣，而子独何以为之报仇之深也？"豫让曰："臣事范、中行氏，范、中行氏皆众人遇②我，我故众人报之。至于智伯，国士遇我，我故国士报之。"襄子喟③然叹息而泣曰："嗟乎豫子！子之为智伯，名既成矣，而寡人赦子，亦已足矣。子其自为计，寡人不复释子！"使兵围之。

——《史记·刺客列传第二十六》

注释 ①数：责备；列举错误。②遇：对待。③喟：叹息。

原文品读

　　没过多久，赵襄子正好外出，豫让便埋伏在赵襄子必定经过的一座桥的下面。赵襄子刚上桥，马就受惊了，赵襄子说："这一定是豫让。"派人一查问，真的是豫让。于是赵襄子列举罪过责备豫让说："你不是曾经服侍过范氏和中行氏吗？智伯将他们全部消灭了，但你并没有为他们报仇，反而委身成智伯的臣子。如今智伯也已经死了，你为什么偏偏要如此卖力地为智伯报仇呢？"豫让说："我服侍范氏和中行氏，范氏和中行氏对待我都像对待普通人一样，因此我作为报答也像对待普通人那样对待他们。至于智伯，他对待我如同对待国士一样，因此我也应该像国士一样对待他。"赵襄子感慨叹息，流着眼泪说："唉！豫让先生啊！您为智伯尽忠到这种地步，名声已经很大了，而我对您宽赦到这种程度，也已经足够了。您还是自己想个办法活命吧，我不能再放过您了！"便让卫士将豫让围住了。

谁是大忽悠

课前读史三分钟

汉高祖刘邦去世后，吕后把持朝政，不断提升吕氏家族成员的地位，同时迫害刘氏皇族。公元前180年，吕后去世，作为平定诸吕之乱的功臣齐王刘襄立下大功，而且他是刘邦长子齐王刘肥的嫡子，被立为帝名正言顺。这样一位"种子选手"怎么就落选了？原来这一切都要从琅琊王刘泽说起。按辈分刘泽此时已经是刘氏宗族里的"长者"了，他的话变得很有分量，在与周勃、陈平等老臣商议后认为，刘襄母家势力强大，他的舅舅更是以暴戾出名。如果拥立刘襄为帝，万一又成了第二个吕氏家族，那就悔之晚矣。

刘襄当皇帝？我不同意

公元前180年7月，叱咤了半生的吕后终于走完了人生路，完美谢幕了。考虑到权力更迭时的复杂，以及自己的威信德行与所得不匹，吕后生前苦思冥想，终于把吕家人安置妥当了——封侯的封侯，控制朝廷的控制朝廷，管军队的管军队，想来就算她死后洪水来袭，应该也不至于把诸吕全部淹没。

于是，西汉出现了诸吕把持朝政的政局，这让繁衍能力强盛的刘家人很不服气。之前吕后在，好歹她是刘邦的原配妻子，刘氏子孙们的嫡母，大家碍于她的权威，多少有点不敢吭声，可如今一帮姓吕的占据刘家江山，算怎么回事？

另一方面，跟着刘邦打天下的那帮功臣也很有意见，他们可是出人出力，抛头颅洒热血才得来一个侯爵，吕氏子弟就凭姓吕就能后来居上，裂土封王？何况，天下蛋糕就那么大，如果都被吕氏窃取，他们的资源就更少了。

所以，消灭诸吕，刘氏子弟和功臣们基本达成了一致。没多久，齐王三兄弟：齐王刘襄、朱虚侯刘章、东牟侯刘兴居协同大汉的丞相陈平、太尉周勃、大将军灌婴等人，联手平定了"诸吕之乱"。

现在的问题是，谁来当皇帝？

其实，大汉朝这会儿有皇帝，那是吕后扶立的小皇帝，史称汉少帝。此时，大家既然把诸吕一窝端了，诸吕的遗产自然也需要拔掉，反正是革新，先从换皇帝开始，而且新皇帝就要在他们的认可下产生。

确定皇帝换人不换姓后，大家心里没什么异议，此次灭诸吕，齐王刘襄是第一个起兵的，刘襄的弟弟刘章和刘兴居当时都在宫里当宿卫，里应外合功劳颇大，而齐王刘襄又是刘邦长子齐王刘肥的嫡子（立嫡立长都占了），既有名义上的优势，又有平灭窃国贼子的军功，往大了说，他就是重新定刘姓江山的人。拥立他为帝，是众人认为理所当然的事。

史书说"大臣议欲立齐王"，此事差不多是板上钉钉了。

然而，有一个风尘仆仆赶来的人不同意。此人是琅琊王刘泽。

脚踩"两条船"

初听这个名字，或许大家满脸疑惑，此人是哪里跑来的小喽啰，都没听说过。毕竟，在汉初全明星阵容里，这种刘姓小诸侯王多如牛毛，没点本事和故事，难以闻名遐迩，垂名后世。那么，我们来为刘泽列一张文字版简历：

刘泽是刘邦的远房亲戚，到底有多远，反正是同姓，属于本家，至于几杆子才能打得着，史书也没细究。早年间，靠着关系，刘泽在宫里当了侍卫，也没做出什么业绩。唯一被《史记》记载的一次，是代相陈豨造反的战役中，刘泽被任命为将军，战场上擒获了一个叫王黄的将领，刘邦当即分红，封他当了营陵侯。

营陵在今天的山东昌乐县，当时税收不多，地盘也小，不过到底是收税的人，在当地，刘泽还是个名副其实的大土豪。

有一个叫田生的齐国游说之客来到这里后，突然发现钱不够了，连"穷游"都不能维持，于是，他想到了找当地最有钱的人资助一下。两人见面聊了聊，田生拿出看家本领一通说，刘泽听得五迷三道，当即主动要拿出两百金给他贺寿。

田生为了报答刘泽，跑到长安放长线，钓大鱼，把租的房子搞成精装修，专门结交吕后身边最亲近的人。这一攀扯，就认识了吕后最信任的宦官张子卿。田生把张子卿请到家，说了一通吕后因为先帝曾有"非刘氏不王"的约定而不能分封娘家人的苦恼，并说作为吕后的心腹，该为她分点忧。

张子卿收到指导，果然跑去给大臣们做思想工作，而张子卿亲自出马，在大臣眼中肯定都是吕后的授意，太后都把意图弄得这么明显，也就没人敢当众提出反对意见了。于是，吕后成功地将大侄子吕产封了代王，其他侄子也都领到了各自的好处。

分完这些，田生又教张子卿去给太后当参谋，为了在刘吕中搞好平衡，让大家不闹事，现在必须找一个刘姓诸侯封王，营陵侯刘泽就这样被隆重推出。吕后一看，刘泽虽说是刘家人，但他也不算外人，他老婆可是自己的外甥女——吕后妹妹吕媭的女儿，于是，当即从齐国割了块地，封他当上了琅琊王。

所以，刘泽是脚踩了"两条船"，吕家这条勉强算锦上添花，刘家大船怎么样也不会翻。

更值得一提的是，在这个"老刘"们纷纷谢幕，诸吕团灭的时期，他在刘姓诸侯里也混成了老大不小的"长者"了，因此，刘泽的话大家多少还是要听一听的。

刘泽提出的反对理由是："诸吕之乱是什么原因造成的？外戚。大家刚灭了一个诸吕，难道又想再迎来一个'诸吕二号'？齐王刘襄的舅舅驷钧就是个黑恶势力，如果齐王当皇帝，他这位舅舅少说也要封侯封王了，已知这样的难题，是把困难留给子孙后代，让他们再经历一次外戚之祸，还是自己提前扼杀？"大家回想了一下诸吕把持朝政期间的憋屈、晦暗和恐怖，集体摇了摇头。

有人问了，那么立谁呢？

刘泽说："当然是代王刘恒合适，刘恒的舅舅薄氏比较低调，薄太后母家没什么权势，都是老实本分的君子，而刘恒又是目前高皇帝亲儿子里年龄最大的，立他为帝最合适。"史书的下一句说"于是大臣乃谋迎立代王"。

如此重要的事，凭刘泽一句话和一个并未发生的预测版"外戚之祸"就大转弯，是不是太轻率了？即使大汉臣子们都不愿再经历一次"诸吕之乱""刘氏凋零"的局面，可琅琊王刘泽为什么要阻拦齐王实现美梦，他纯粹是出于公心吗？

当然并不是。

忽悠界的高手过招

刘泽之所以要给齐王捣乱，都怪刘襄得罪了他。

其实，两人或者说两国的恩怨，早在刘泽被封为琅琊王时就已经结下了。

琅琊国是吕后封给刘泽的，而刘泽拿到的这个琅琊郡，起初是齐王刘肥的齐国治下的地盘。

齐国开国时，刘邦一口气给了这位庶长子城阳、济南（又叫博阳）、琅琊、济北、胶东、胶西、菑川7个郡73座城，但后来，吕后一会儿为女儿鲁元公主抢走齐国一座城阳郡，一会儿又为大侄子吕台夺走了一座济南郡，没多久，又为外甥女女婿刘泽夺走了一座琅琊郡……偌大一个齐国，竟被削成了4个郡的国家。齐王刘肥和续任刘襄能不痛恨吗？

所以，诸吕之乱兴起、刘襄打定主意起兵时，第一步就拿刘泽开刀。为了行军路线方便，计划更在掌握，也为了夺回自己的失地，刘襄派郎中令祝午去忽悠琅琊王刘泽，说现在刘姓诸侯里只有他最大，齐王年纪小，虽有想平灭诸吕的心，但小孩子哪懂什么战争？而琅琊王在高皇帝时就带兵打仗，一切要仰仗琅琊王主事啦，齐王愿意举国支持。齐国的意思是，将来成功了，刘泽说不定还能成为大汉天子。

美梦熏心，刘泽一听，心痒难耐，当即只身跑到齐国都城临淄去找刘襄商量大事。结果，刘泽刚到，刘襄和手下大臣就以各种原因挽留，不让他出门。一边又派人去收琅琊国的兵力。刘泽这才知道自己被耍了，一辈子打雁竟被雁啄了眼。这下，两人的梁子算是结下，更无解了。

而刘泽这边悔恨的同时，九曲心肠也开始运作实施一套反忽悠。

刘泽也给刘襄戴高帽子："你爹刘肥是高皇帝长子，推算下来，你就是高皇帝的嫡长孙啦，所以，如果大汉天下要更换天子，当然非你莫属。现在大臣们虽然怨恨诸吕，却不知道推翻诸吕和吕后所立的小皇帝以后，该找谁来当皇帝，我刘泽算是刘家年龄最大的，他们估计都在等我发言呢。大王留着我也没用，不如让我进京去帮你说点好话。"刘泽的计划与刘襄如出一辙，都是以皇位为诱惑，虽说自己刚施此招，可还是没人能拒绝帝位的诱惑。

刘襄想了想，认为武力解决诸吕是势在必得，唯一的顾虑就是功臣们怎么想，于是连忙钻进刘泽的圈套，并屁颠屁颠地安排顺风车送他入京。

然后，就发生了上文所述的那一幕。

所有人都打算立齐王时，唯独琅琊王刘泽出来表达反对意见，并晓之以理说服了那帮手握重兵的人。

方针既定，刘泽又指挥当时在皇宫内为哥哥刘襄登基做努力的朱虚侯刘章去说服齐国撤军。刘襄见大势已去，如果再拼齐国国力和功臣集团干一架，两败俱伤还是小的，甚至还会遭到代地的合击，只好郁郁寡欢地回了国。第二年刘泽就郁闷死了。

后来，代王刘恒顺利入京登基，成了历史上的汉文帝。文帝即位，再次瓜分齐国，割城阳郡给灭诸吕有功的朱虚侯刘章，割济北郡给东牟侯刘兴居。而刘泽的琅琊郡被文帝还给了齐国，转身给刘泽找了块更大的地盘——燕国，从此，他是燕王刘泽。

刘泽的这一捣乱，不仅改变了自己的命运，也改变了西汉王朝的历史，有了代王刘恒的即位，才有了后来的文景之治，以及虽褒贬不一，却让人热血不已的汉武帝时代。

历史的拐弯，往往只因为一个小矛盾，而这一次，就因为双方的忽悠而起。

历史面对面

琅邪王刘泽既见欺，不得反国，乃说齐王曰："齐悼惠王高皇帝长子，推本言之，而大王高皇帝適①长孙也，当立。今诸大臣狐疑未有所定，而泽于刘氏最为长年，大臣固待泽决计。今大王留臣无为也，不如使我入关计②事。"齐王以为然，乃益具③车送琅邪王。

——《史记·齐悼惠王世家第二十二》

注释 ①適：同"嫡"，正统，正宗。
②计：谋划。③具：备。

原文品读

琅琊王刘泽已经发现受骗，无法返回琅琊国，于是劝说齐王说："齐悼惠王是高皇帝长子，推本溯源来说，大王您就是高皇帝的嫡长孙，应当继承皇位。现在大臣仍然犹豫不能决断，而我刘泽在刘氏宗族中最为年长，大臣本就在等待我决定大计。现在大王将我扣留并无用处，还不如让我入关商议迎接拥立新皇的大事。"齐王觉得刘泽说得有道理，就准备了很多车辆将琅琊王送走了。

男孩子出门在外，一定要保护好自己

江湖有一句传言，"车船店脚牙，无罪也该杀"，说的是车夫、船夫、店小二、脚夫和中介这五个行业的人经常借工作之便干一些偷鸡摸狗、杀人越货的勾当，所以即便随手杀了他们，也不算冤枉，而是替天行道。比如，西汉一代名相陈平就曾差点死在了船夫手里。这是怎么回事呢？原来在那个动荡的年代，陈平为躲避杀身之祸将项羽赏赐的黄金还回，赶紧从小路逃跑。没想到渡黄河时，船夫见他衣着不凡，便想杀人劫财。聪明的陈平是如何躲过一劫的，且看下文分解。

"不良青年"陈平

陈平是今天河南原阳人，这个出生地现在看起来普通，当年却是发生过头条新闻事件的地方。距离原阳不远有个叫博浪沙的地方，当年千古一帝秦始皇巡游到这儿，曾被汉初三杰之一的张良设伏刺杀，虽然没成功，却因为张良和秦始皇两个伟人，博浪沙想不青史留名都难。后来的才女班昭、诗仙李白和改革家王安石都曾经将此地写入诗篇，更增添了名人效应。

陈平家里很穷，没钱买新房，连租房都租不起，只能跟大哥陈伯挤在一间屋子里。陈家有30亩田地，但陈平从不下地抽一鞭子老牛，也不下田插一棵秧，农事全丢给哥嫂做，自己一心一意关门读圣贤书。好在，大哥陈伯是个传统老实的农民，辛苦种田种地，供弟弟吃穿住行不说，还买了一大堆书，供他上学游学。

陈平丝毫不操心家里琐事，被大哥喂得高大白胖，长得也干净漂亮，村里人就喜欢开玩笑："陈平啊，你家那么穷，你吃了哥嫂多少血汗钱才长得这么高大壮啊？"

这话被陈平的嫂子听见了，本来就气小叔子好吃懒做不干农活，没好气地回怼："我们家能有啥，吃糠咽菜而已，小叔子整天'平躺式'看书，十指不沾阳春水的，当然比我们这些做牛做马的会长个儿。有这样的小叔子，我呸，还不如没有！"

陈平还没回话，恰巧路过的陈伯先发话了："都说长嫂如母，你有半点当妈的样儿吗？滚滚滚，回你姥姥家去。"别说，大哥对陈平是真好，直接把出言不逊的老婆给休了。

不过这事儿在陈家村竟然被以绯闻的形式传开了，大家猜测，陈伯休妻能是因为啥啊？他弟长得那么好看，是不是因为二人勾搭上了，当家的陈伯顾全颜面才把老婆休了？于是，陈平自此身陷"盗嫂门"，一辈子也没洗清。

到此为止，陈平简直是个不良青年，四肢不勤五谷不分，没事喜欢出去瞎逛，还私通嫂嫂，简直是人渣中的极品。所以，一直到了结婚的年龄，村里都没有哪个姑娘愿意嫁给他。就算有人愿意嫁，陈平也出不起高昂的聘礼。

不过，这事儿过后，大概觉得对不起大哥，陈平开始自己打点零工补贴家用，主要工作就是去赚死人钱，替别人跑跑腿，叠叠纸钱，主持主持丧仪。当年，孔子落魄的时候也干过这活儿，所以孔子说"吾少也贱，故多能鄙事"，这会儿，志向远在九天高的陈平做的就是"鄙事"。

人要是运气来了，挡都挡不住，就在一次帮人吹喇叭、办丧仪期间，有一个土豪看上了陈平。光看陈平的长相，土豪就两眼发光，再拉着他一交谈，陈平那张嘴可是拜年的嘴，只有好话，土豪心里更是欢喜得紧，恨不得即刻就拉回家里成亲……呃，是拉回家里和孙女成亲。原来，土豪有个寡妇孙女，连续嫁了五次，五个老公都以各种原因去世了，于是土豪单刀直入问陈平："你敢娶不？"

陈平心想，我命硬，有啥不敢的？当即他就答应了土豪。当然，土豪也不完全是个看脸派的颜值控，他对陈平是经过仔细勘察的——尾随陈平到家，虽然陈平家穷到用破草席当门，但从他家门口各路马车碾轧停留过的痕迹就可以断定，这家伙一定有很多达官显贵的朋友。

土豪用事实教育大家：检验一个人最有效的办法，是看他和什么样的人交朋友。

因为"穷"，保了一命

后来的事情水到渠成，陈平娶了张寡妇，而从聘礼到婚礼上的一切花销都由张家帮忙垫付。陈平会不好意思吗？他才不会，便宜得个媳妇儿，又得个喜欢风投的提款机老泰山，这是走向人生巅峰的基础条件啊！

自此以后，陈平有资本了，走路也会甩手了，交朋友的范围也从河南扩大到陕西了，风光得一套一套的。

等陈胜吴广登高一呼，号召"王侯将相宁有种乎"的历史进程来到，陈平的旅游脚印走得更远了，跑去投靠了魏国的魏王咎。不过，魏咎虽然是个好人，却不是个能办事的人，陈平提了很多好建议，魏咎愣是一个都不采纳，害得陈平像高压锅里蒸黄连，苦闷不已。

此处不留爷，自有留爷处。当时历史上鼎鼎大名的西楚霸王项羽也已出道，陈平卷好铺盖，又投奔了项羽。项羽对陈平还不错，刚到就封了卿，相当于现在的国务委员。后来有人反叛，项羽又封陈平为君，讨伐叛贼，陈平不辱使命，轻轻松松凯旋，项羽很高兴，亲自表扬了陈平："小伙子，好好干，前途无量"，知道陈平喜欢钱，又送了他黄金二十镒。

可世事难料，福祸相依，陈平的黄金还没捂热，那边汉王刘邦重新拿下了陈平收回的领土，项羽这一点即燃的脾气，当时就腾地站起来说要杀了上次带军平定那儿的将领。陈平满肚子计谋，这会儿却也只能三十六计走为上，把项羽赏赐的官印和黄金原封不动地派人送还，自己则带上宝剑抄小路开溜了。

就是这一次上路的过程中，差点让陈平直接上了天。

到了黄河岸边，陈平焦急地招手打了个船，催促船夫赶紧扬帆快跑。随着船夫摇动船桨，小船轻轻划离了岸边，轻快地漂游起来，两岸风景不断倒退，陈平这才放松警惕，抱着宝剑开始欣赏沿岸的风光，真有"两岸猿声啼不住，轻舟已过万重山"的畅快之感啊！

陈平四处观景，忽然不禁打了个寒战，从余光中陈平显然看到船夫小哥正不怀好意地盯着自己。陈平心慌，糟了！虽然自己长得帅，但不会遇上这么变态的人吧？再悄悄用余光打量一下，船夫的神色完全露出了杀意，陈平脑子高速运转，终于明白了缘由，原来是个想抢钱的，不过很快他就想到了对策。

自己这会儿衣着华丽，手提宝剑，长得又仪表堂堂的，船夫小哥一定怀疑他是个逃亡的将领，身上藏有巨财，这才起了杀人越货的心思。陈平当即一边脱衣服一边说："哎呀！小哥，你一个人划船挺累吧，众人拾柴火焰高，我帮你一起呀！"

等衣服全解开后，船夫一看愣了，好嘛，原来这家伙就是个"鸡屎皮球表面光"，身上一毛钱都没有啊，枉费自己经过了那么久的思想争斗，还想狠捞一笔呢。这下，老老实实划船吧！

于是，两人一边划船一边高唱着"黄河美景，三月天哪"，度过了愉快的一段旅程。

历史上的陈平九曲心肠，曾"六出奇计"帮刘邦夺取天下，是汉初最聪明的智囊团之一，可以说，没有他，刘邦好几次都难逃虎口，大汉王朝的命运也许就会改变。这样一个拥有百龙之智的人，却也因为交通工具的不安全，差点命丧黄河，历史总是惊人的相似。从古至今，太阳底下没有新鲜事啊！

历史面对面

项王使项悍拜平为都尉，赐金二十镒。居无何①，汉王攻下殷。项王怒，将诛定殷者将吏。陈平惧诛，乃封其金与印，使使归项王，而平身间行杖剑亡。渡河，船人见其美丈夫独行，疑其亡将，要②中当有金玉宝器，目之，欲杀平。平恐，乃解衣裸而佐刺船③。船人知其无有，乃止。

——《史记·陈丞相世家第二十六》

注释 ①无何：不久，时间很短。
②要：同"腰"。③刺船：撑船。

原文品读

项王派遣项悍任命陈平为都尉，赐给他黄金二十镒。不久之后，汉王攻占了殷地。项王大怒，想要杀掉平定殷地叛乱的将官。陈平担心自己被杀，就将项羽赐给他的黄金、印绶封存起来，派人送还给项王，然后便一个人带着剑从小路逃走。在渡过黄河的时候，船夫看见他是一个独行的伟岸美男子，便怀疑他是逃亡的将军，认为他腰中会有金玉珍宝，眼睛盯着他，想要把他杀掉。陈平心中惧怕，便将衣服解开，赤裸上身帮船夫撑船。船夫看到他一无所有，便打消了杀人劫财的念头。